続・東京の長寿企業50社

The Companies with a Long History in Tokyo

日刊工業新聞社：編

日刊工業新聞社

まえがき

新型コロナウィルスが猛威を振るい始めて、早一年。自由な経済活動の有難さをこれほど実感させられたことはない。飲食業や交通・イベント関係をはじめ、人々の行動自粛の影響をまともに受けた業種に限らず、企業の多くは新型コロナによってビジネスが変容し、大なり小なりの機会損失を被ったことだろう。そしてまた私たち国民の大部分は、健全な企業活動なしには、安らかな生活を営めないという当たり前の現実を突き付けられている。企業が存在するということは、そこで働く人々の生活が存在するということ。企業は利潤追求の活動を日々展開する一方で、広く社会と結びつき、深く人々の生活にかかわっていることを、私たちは新型コロナによって再認識させられた。

本書は2020年4月1日発刊した「東京の長寿企業70社」の続編である。「70社」刊は東京2020の開催をにらみ、1964年（昭和39）年の東京オリンピックから五十余年、首都・東京で長く息づく企業の変化と革新の取り組みを纏めたものだ。しかし発刊直前に東京2020の1年延期が決定し、ほどなくして発出された緊急事態宣言により、国内の経済活動は大きな停滞を余儀なくされた。掲載した長寿企業70社のなかには、新型コロナで大きなダメージを受けた企業もある。

感染拡大防止か、経済か。その後も感染の波が訪れるたびに、日本は国民の行動自粛を基本に感染を抑え込む措置を講じつつ、欧米のロックダウンとは異なる緩やかな対策で国難を乗り越えようとしてきた。政策の是非はともかく、感染から命を守ると同時に、企業の存続と雇用を守り人々の生活を守ることも等しく重要だ。この国の社会システムにおいては、自由で活気あふれる経済活動と旺盛な企業活力が、人々の平穏な日常と豊かな生活を支えていることは疑いない。ならば新型コロナの終息が見通せず、閉塞感に満ちた今だからこそ、企業とは何なのかを改めて掘り下げてみる意義がある。そんな思いから、「続・東京の長寿企業50社」を企画した。

対象は、前回の「70社」刊と同様に、概ね創業60年以上の社歴を持つ株式会社である。大手上場会社から中堅・中小企業まで、50社の企業規模はさまざまだが、共通しているのは、企業としての立ち位置が根っこの部分にしっかり刻まれていること。何のために存在するのか、何のために仕事をするのか。利益追求に留まらない長寿企業ならではの、自信と誇りに満ちた企業理念がある。そしてそれらの多くが、持続可能な開発目標（ＳＤＧｓ）の取り組みを先取りしていたことに驚かされる。

ぜひ今回掲載した50社の凄みを感じてほしい。長くビジネスを続けてこられた各社それぞれの要因を見つけることができるだろう。新型コロナが終息し、自由な経済活動が一日も早く戻ってくることを願いつつ、本書が新たな企業活動のヒントとなり、企業で働く人々を勇気づけるものとなれば、これに勝る喜びはない。

日刊工業新聞社
東京支社長　玄蕃　由美子

目次　続・東京の長寿企業50社

か

続・東京の長寿企業50社

くらしのなかにＡＤＥＫＡ 世界を変えるグローバル企業

株式会社ＡＤＥＫＡ

代表取締役社長
城詰　秀尊氏

第一次大戦のさなか、工業用の原料である苛性ソーダの品薄に見舞われた日本。輸入依存を脱却し、いち早く国産化することを目的に設立されたのが旭電化工業（現：株式会社ＡＤＥＫＡ）だ。１９１７（大正６）年に電解法による苛性ソーダの製造を開始し、１９１９年には苛性ソーダの副産物として生成される水素を利用して硬化油の製造をスタート。１９２９年にはマーガリン製造を開始するなど、戦後も化学品と食品の二本柱で発展し、現在では連結売上高３０００億円超、海外13カ国・地域にグループ子会社を持つ大手素材メーカーとして成長を遂げた。

◆化学、食品、ライフサイエンスがもたらす社会効果

創立１００年を超える歴史のなかで、変わらない姿勢が「社会のお役に立つ」こと。事業を通じて豊かな社会に貢献する企業マインドは、経営理念や

経営理念

「新しい潮流の変化に鋭敏であり続けるアグレッシブな先進企業を目指す」
「世界とともに生きる」

2020年に制定したコーポレートスローガン『Ａｄｄ Ｇｏｏｄｎｅｓｓ』にも表れている。ＡＤＥＫＡグループの製品・サービスは、原料から製品をお客様にお届けし社会でお役に立つまで、ＡＤＥＫＡグループの一人ひとりが「良きものを足した」結果の『素財』と捉えている。

例えば、同社の主力製品である樹脂添加剤。耐久性や難燃性など、プラスチックに新たな機能や付加価値を与えることできる樹脂添加剤は、自動車、建材、家電など最終メーカーの高品質な製品づくりに欠かせない材料だ。樹脂部材の採用を拡大してきた自動車はその典型とされ、樹脂添加剤なくして現在の軽量化と、それがもたらす省エネ、CO_2排出削減は困難だったと言える。2020年12月には、樹脂添加剤の新ブランド「アデカシクロエイド」を立ち上げ、循環型社会の実現に貢献していく姿勢を明確にした。このほか情報化学品、電子材料、界面化学品、機能性樹脂といった多種多様な化学品事業を展開している。

戦前から始まる食品事業では、長年の油脂加工技術をもとに、マーガリン・ショートニングなど付加価値の高い油脂製品を大手の製パン・製菓メーカーはじめ、ベーカリーや洋菓子店に提案。コンビニエンスストアやスーパーに並ぶ商品のおいしさに同社の技術が貢献しており、加工油脂製品のトップブランドとして業界の知名度は抜群だ。一方、第三の事業分野として期待されるのが、ライフサイエンス事業。2018年に日本農薬株式会社を連

コーポレートスローガン
「Add Goodness」

結子会社化し、農薬、医薬品、医薬材料などを中心に新たな事業領域を開拓していく。

◆3人に1人が研究開発者

これら事業を支える基盤が、樹脂添加剤開発、情報化学品開発、電子材料開発、機能化学品開発、機能高分子開発、食品開発の各商品開発を担う研究所に、ライフサイエンス材料、環境・エネルギー材料の新規材料開発を担う2つの研究所を加えた合計8つの研究所。社員の3人に1人が研究開発者で、売上高に占める研究開発費比率は毎年4％レベル。ここにADEKA最大の特徴があり、高度な基盤技術を活用して社会課題を解決する独創的な技術・製品を数多く開発している。

本社ビル・尾久中央開発研究所外観

このため「人材は『人財』との考えのもと、『信頼と改革』を理念に人財育成に力を入れている」（水野武治採用・育成グループリーダー）。先輩社員が新入社員を1年間サポートするメンター研修に始まり、語学研修や専門知識取得の選択型研修に加え、ビジネススクール派遣やグローバル人財育成研修等の選抜型を交えたプログラムを準備し、「改革をリードする人づくり」を目指している。新しい潮流の変化を先取りし行動できる「人財」が、100年企業ADEKAの原動力にちがいない。

●長寿の秘訣

1970年代の石油ショック時、経営悪化に苦しむなかでも雇用を守り続けたという。人を大切にする企業風土は、社員に寄り添う数々の制度や人財育成プログラムにも表れる。シンガポールを皮切りに、いち早く始めた海外事業も、〝出稼ぎ〟ではなく現地に根付くビジネスが基本。苛性ソーダの国産化を目指した志と同じく、ADEKAがつねに意識しているのが世界の豊かなくらしに貢献する精神だ。企業は何のために存在するのか。人と社会に向き合い続けたADEKAの100年が、一つの事例を示している。

人財育成研修

●会社概要

設　立：1917（大正6）年1月27日
所 在 地：東京都荒川区東尾久七丁目2番35号
事業内容：化学品事業（樹脂添加剤、情報・電子化学品、機能化学品等）
食品事業（マーガリン類、ショートニング、ホイップクリーム等）
ライフサイエンス事業（農薬、医薬品、医薬部外品等）
資 本 金：229億9,487万円（東証1部上場）
社 員 数：単体：1,771名、連結：5,189名（2020年3月末現在）

URL：https://www.adeka.co.jp/

内装金物という独自のビジネス領域で住空間を創造

アトムリビンテック株式会社

代表取締役社長
高橋　快一郎 氏

引戸が閉まる手前で、ブレーキ機能が働き、静かにゆっくり閉じるクローズ機構付き「引戸ソフトクローズ」。開閉音の解消、指挟みの防止、衝撃の軽減により建具の劣化も防げる商品として、最近の新築住宅の多くに採用されている。建築金物としては20年ぶりの大ヒット商品と言われる引戸クローズを開発したのが、アトムリビンテック株式会社だ。

◆スライド丁番の国産化で飛躍

創業は1903（明治36）年、錺職人※だった高橋良助氏が、東京・入谷で指物金具※の製造を始めたのがルーツだ。以来、家具類に使われる装飾金具の受注生産を営み、1954（昭和29）年に高橋金物として株式会社を設立してからは、住宅に用いられる丁番、ド

経営理念／社訓／社是

〈経営理念〉
「住まいの飾り職人」がつくり出す独創的な商品で、社会の発展に貢献します
〈社訓〉
「独り歩きのできる商品づくり」
〈社是〉
「創意・誠実・進取」

※注釈　錺職人　：指物金具の金具職人
　　　　指物金具：鏡台・茶箪笥・長火鉢等の家具に飾る金具

ア錠、取手類の開き戸金具や、戸車、レール、引手といった引戸金物を扱う事業で成長し、家具金物と建築金物を融合させた内装金物（住まいの金物）という独自の事業ドメインを確立した。家具メーカーや大手ハウスメーカー、住宅設備機器メーカー、建築金物店を主要取引先に、現在の取り扱いアイテムは5万点を超える。2000年にはアトムリビンテックに社名変更、ジャスダック市場に上場を果たし、自社ブランド商品の企画開発比率が高いファブレス企業として、他社には真似のできない揺るぎないポジションを獲得している。

同社飛躍のきっかけとなったのが、扉の吊り込みが非常に簡単な上、扉の納まり具合を微調整できるスライド丁番。1971年、当時日本では普及していなかったスライド丁番を苦難の末に自社開発し、初の国産化を成し遂げた。数年後に、大手ハウスメーカーがこれを採用したのに始まり、次々に他社への納品が拡大し、同社が住宅用金具に本格参入する転機になった。「スライド丁番の国産化の成功が自社開発の原点。これによって住宅メーカーが求める情報が収集できるようになり、さらなる製品開発へとつながった」という。

◆豊かなライフスタイルを提案する企業へ

その後も、クローゼットや物入れなどの間口が広くとれ、扉

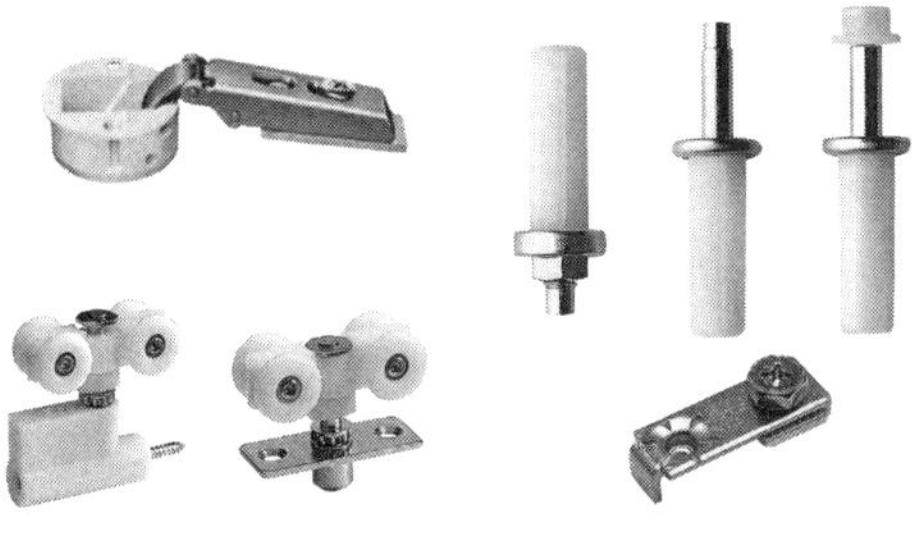

左上　初の国産化に成功したスライド丁番
左下　上吊り式引戸用SDシステム金具
右側　折戸用HDシステム金具

東京・新橋のアトム
CSタワー

の開閉スペースが少なくできる「住宅用・折戸HDシステム金具」や、床にレールなどの突出がなく、フラットにできるユニバーサルデザインに優れた上吊り式引戸「SDシステム金具」など、数々のヒット商品を開発し、こうした新機構の周辺分野に多彩な商品バリエーション展開することで、着実な成長を遂げてきた。「顧客の多種多様な課題や要望に応えられる企画開発力が当社の強み」でもある。販売体制も、大手ハウスメーカーや建材メーカーなどの需要家を対象にする特販事業部、建築金物店など卸売ルートに対応する卸売事業部を設けて、全方位の営業態勢を整えている。

今後は、少子高齢化や縮小傾向にある新築住宅市場への対応がカギになる。このためリフォーム市場や介護施設や保育施設をはじめとする非住宅分野の強化を掲げ、例えば一般住宅用に比べ耐久性能の高い金具類の拡充や、誰もが簡単に施工できるよう動画による施工手順の配信などを積極化している。一方、同社の将来を占うと見られるのが、情報発信基地として2007年に新橋にオープンした「アトムCSタワー」。同社商品の展示のみならず、豊かなライフスタイルを提案する住空間の創造拠点となっており、日本の伝統工芸に根差した文化的価値観を承継しつつ、新たな住空間の価値を追求する企業として、生まれ変わろうという意思表示でもある。

●長寿の秘訣

鋳職という日本の伝統技術を時代とともに昇華させ、内装金物という新たなビジネスドメインを切り拓いた。住宅設備の進化を裏で支えた数々のヒット商品は、知恵と工夫と、緻密な仕事ぶりのなせる業。同社の遺伝子がしっかり継がれてきたことの表れだ。しかも単なる機能としての金具ではない。見たものが「美しい」と感じる繊細な仕上げとデザインを実現したところに、同社の凄みと強さがある。

東京・入谷の本社屋

●会社概要

創　業：1903（明治36）年
設　立：1954（昭和29）年10月
所在地：東京都台東区入谷1-27-4
事業内容：住まいの金物（内装金物）の企画・開発・販売
資本金：3億74万円（東証JASDAQ上場）
売上高：103億9,400万円（2020年6月期）
社員数：123名（2020年6月30日現在）

URL：https://www.atomlt.com/

時代を先取りした製品&技術を生み出すフィロソフィー

アルプスアルパイン株式会社

2019年1月、アルプス電気株式会社とアルパイン株式会社が経営統合し、アルプスアルパインとして新たなスタートを切った。車載・民生向けなどの電子部品で強みを持つアルプス電気と、カーナビゲーション等の車載製品で強みを持つアルパインを統合し、激変する自動車産業をはじめとする多様な市場に向けて、ソフト&ハードで新たな価値を提供する。そこには常に時代の先を行く品質・技術を磨き続けた創業70余年のフィロソフィーが受け継がれている。

◆スイッチ、チューナから車載情報機器へ

「部品メーカーは下請けではない」。1948(昭和23)

代表取締役社長執行役員CEO
栗山　年弘 氏

企業理念／経営姿勢／事業ビジョン

〈企業理念〉
アルプスアルパインは人と地球に喜ばれる新たな価値を創造します。
〈経営姿勢〉
1 価値の追究
2 地球との調和
3 社会への貢献
4 個の尊重
5 公正な経営
〈事業ビジョン〉
Perfecting the Art of Electronics

年に大田区雪ヶ谷で、片岡電気株式会社（のちのアルプス電気）を設立した創業者の片岡勝太郎氏は、米国の部品メーカーを渡米視察して、こう実感した。独自の部品技術をテコに、セットメーカーと対等の関係を築く実態を目の当たりにして衝撃を受けたという。1957年の出来事だ。以来、同社は海外の先進技術を貪欲に取り入れながら、つねに技術を前面に掲げる部品メーカーの道を歩むことになる。

ラジオ用スイッチや選局用のバリコンで、アマチュアのラジオ組立て熱に支えられた黎明期。軍用ノウハウの高品質部品として、同社製バリコンをパッケージした「赤箱」の名は、全国に鳴り響いた。その後、テレビの本放送が開始されると、同社製バリコンやチューナが電機メーカーに相次ぎ採用され、高度経済成長時代には米モトローラ社をはじめとする海外向けの供給も次々と始まり、同社の業容は飛躍的に拡大していった。

一方、コンピュータ系部品の技術ベースとなったのが、60年代後半に事業譲受した磁気ヘッド。周辺の要素技術を育成しながら磁気テープ記憶装置などの製品で情報産業に本格進出するとともに、モトローラとの合弁で

創業の地に構えた本社ビルは、グループ・グローバルのヘッドクォーター機能を有する

ホンダと共同開発した世界初のカーナビゲーション「エレクトロ・ジャイロケータ」（1981年）

始めた車載事業は、78年にアルパインとして独立し、80年代以降カーオーディオを軸に急成長を遂げていく。この間、日本初のマウス、パソコンの先駆けとなった「ＡＰＰＬＥⅡ」向けのフロッピーディスクドライブ、世界初の車載用タッチパネルなど、時代を先取りした製品を数多く手掛け、なかでも１９８１年に本田技研工業と共同開発したエレクトロ・ジャイロケータは、最近になってＩＥＥＥ（米国電子電気工学会）から世界初のカーナビゲーションシステムとして認定されている。まさに両社は世界を舞台に、数々の先進技術で時代の先頭を走り続けてきた。

◆統合新会社で創業100年へ

統合で新たなステージに踏み出すアルプスアルパイン。「統合で終わりではない。ここから新しい価値の創造が始まる」（丸竹和也広報ＩＲ課長）という通り、ＤｉｇｉｔａｌＣａｂｉｎと呼ぶ近未来の車室内を提案する製品群の開発を強化。さらに東海理化とヒューマンマシンインタフェース（ＨＭＩ）領域の製品を共同開発することを決定したほか、ドイツ物流大手のＤＨＬとＩｏＴデバイスを用いた追跡ソリューションを開始するなど、従来にない提携、協業を積極化している。創業１００年に向けて、これからどのような製品サービスを生み出すのか、時代を先取りし続ける同社の動きが楽しみでもある。

●長寿の秘訣

車載情報事業のアルパインを子会社に、長く電子部品事業を営んできたアルプス電気。表舞台には出ないものの、優れた技術で数々の製品を支え続けた部品メーカーとしての自負がある。傑出した部品技術とアルパインのソフト開発力を統合したいま、目指すは大変革の時を迎えた自動車産業のみならず、インフラやヘルスケアなど新分野、新業態に向けた新たなビジネス領域だ。ALPS + ALPINE ではない ALPS × ALPAINE で次代に挑む。

経営統合のシナジーで生まれた「Digital Cabin」は乗員の五感に訴えるものづくりで「移動を、感動へ」

●会社概要

設　　立：1948（昭和 23）年 11 月 1 日
所 在 地：東京都大田区雪谷大塚町 1-7
事業内容：電子部品事業、車載情報機器事業、物流・その他事業（連結）
資 本 金：387 億 3,000 万円（東証 1 部上場）
社 員 数：40,443 名（連結：2020 年 3 月末現在）

URL：https://www.alpsalpine.com/j/

「半世紀以上の得意先」に恵まれ、元請け仕事にまい進

株式会社梅垣組

取締役社長
梅垣　賀春 氏

設計、施工、アフターサービスから施工方法の提案まで、工場や物流施設の建設を得意としている梅垣組（東京都港区）の強みは、継続的な取引のある顧客を数多く抱えているところにある。「半世紀以上の得意先が10本の指では足りない」（梅垣賀春社長）という優良顧客の蓄積が大きな財産となり、ピラミッド構造の建設業界の中で独自のポジションを確立している。

◆元請工事のみを受注

同社の拠点を見ると、東京本社以外は、栃木県下野市（営業所）、神奈川県藤沢市（支店）、広島県尾道市（営業所）、島根県江津市（営業所）と、いずれも地方都市に開設している。建設工事を手がけた先を拠点化してきたのがその理由だ。地方で工場建設などを引き受ける際、建設工事や完工後のメンテナンスの人繰りなどを考えると、近くに拠点を開設するのが合理的。そうした積み

企業理念

「相互扶助」

重ねが、今日の支店・営業所網を形成した。

規模は決して大きくない同社だが、梅垣社長は「受注するのは、自らが裁量権を持てる案件に限っている」と打ち明ける。裁量権を持つ案件＝元請け仕事なので、いわゆる下請け仕事を受注しないポリシーを創業以来堅持している。

昨今の新型コロナウイルスの影響は、もちろん同社にも及んでいる。ただ、多くの顧客、それも多種多様な業界の「長年の顧客」を持っていることが、負の影響を緩和させている。好例が光学フィルムメーカー。フィルムは、需要旺盛なスマートフォンの表示部分や、コロナの飛沫感染を防ぐボード・フェイスシールド類に広く使われる。そのため、工場増設など設備投資が盛んで、そのいくつかを同社が受注している。

◆30年×3を経て第4創業期に

1968～1969年の東大安田講堂闘争は、全共闘の学生らが本郷キャンパス安田講堂を占拠し、機動隊に排除されるまでの半年間、籠城し徹底抗戦したという学生運動の象

施工物件：プレス工業（株）様　尾道工場開発厚生棟

施工物件：日本製紙クレシア（株）様　京都工場ヘルスケア第二加工室

徴的出来事。

その安田講堂の復旧に一役買ったのが梅垣組だ。徹底抗戦で講堂は中も外もボロボロ。機動隊の催涙ガスが、講堂内のさまざまな備品に染みこんだため、作業者は防毒マスクを着けて復旧工事に当たった。「難工事を引き受けるのが、当社のポリシーの一つ。東大では、龍岡門及び門衛所を移設する〝曳家《ひきや》〟の仕事も手がけている」（梅垣社長）。

今年、同社は創業90年の節目を迎えた。梅垣社長は、企業の寿命30年説に基づいて、①昭和大恐慌～②所得倍増計画～③失われた20年～と、過去3度の節目に続く「第4の創業期」と今を捉えている。そして、コロナ禍で社会・経済情勢が激変する中、「顧客と共にという設立当初からの方針を堅持しつつ、ウィズコロナ・ポストコロナの新しい時代に対応していく」と前を見据えている。

●長寿の秘訣

同社が仕事を受注する際、裁量権や元請けにこだわるのは「お客様が何を求めているかを直接知りたいから」（梅垣社長）だ。ニーズを知り、顧客の懐深くに入り込めたなら、例えば、工場の増設や改修工事を受注する可能性がぐっと高まる。実際、そうしたスタイルで長年、事業展開してきたことが「10 社を超える半世紀以上の得意先」に結び付き、つまりは長寿の秘訣となっている。

日本製紙（株）様　江津工場

●会社概要

創　業：1931（昭和 6）年 11 月
所在地：東京都港区西麻布 1-5-17
事業内容：土木・建築工事の総合請負並びに設計・コンサルタント業務
資本金：1 億円
従業員数：40 名（2021 年 1 月現在）

URL：https://www.umegaki-gumi.com/

自動制御機器の世界的トップメーカー

SMC株式会社

代表取締役副社長
高田　芳樹 氏

空気を自在に操るSMC株式会社。空気のように見えない所で活躍し、空気のようになくてはならない存在だ。自動車、半導体から、電機、工作機械、食品機械、医療機器など、あらゆる産業のファクトリー・オートメーション（FA）を支える。国内65％超、世界35％超のトップシェアを持つ空気圧機器をはじめ、多様な自動制御機器製品を駆使して世界の工場で活躍するSMCは、圧倒的な力と高いポテンシャルを持つガリバー企業だ。

◆スマート工場の進展で一段の需要増も

1959（昭和34）年、焼結エレメントの製造・販売を営む焼結金属工業を設立したのが始まり。圧縮空気清浄化機器、圧力調整機器、方向制御機器、駆動機器など空気圧システムを構成するすべての機器に加え、温調機器、センサー、電動機器など各種の自動制御機器を自社設計開発で順次ライ

経営理念

1　自動化・省力化に貢献する
2　本業に専心する
3　グローバルに製品を供給する

ンナップしていき、いまでは合計12000種類、70万品目に及ぶ製品群を取り揃える。さらに世界80カ国以上、500拠点に及ぶ現地法人と代理店によるグローバル供給体制に加え、国内外に生産拠点、研究開発拠点を構える。まさに自動制御機器のトップメーカーに成長した。

多様な工場の自動化ニーズに対応するが、2021年4月に新社長に就任予定の高田芳樹副社長は、「環境問題への関心の高まりや就労人口の減少などから、FAはますます進展していく。省エネ性能の高い当社製品は、IoT時代の新たな自動化ニーズを迎えて活躍の場が広がっている。将来ポテンシャルは高い」と楽観視。スマートファクトリーに見られる世界の動きは、SMCの成長機会を一段と押し上げると見ている。

さらに「自動車と半導体製造装置向けが当社の柱だが、食品機械や医療機器などの産業分野でも売上が伸びている」(小倉浩史執行役員営業副本部長)ことも大きい。例えば、医療用PET検査機器。米大手医療機器メーカーから制御機器を受注したが、「当社の世界ネットワークを用いれば、同様の顧

SMC 株式会社　筑波技術センター（茨城県つくばみらい市）
世界 5 拠点、1,600 名のエンジニアを擁する SMC グループの研究開発活動の中核を担う。

SMCアメリカ　本社（アメリカ合衆国インディアナ州）
販売、生産、研究開発、最新鋭の物流機能を兼ね備えた、北米におけるSMCグループの中核拠点。

客開拓をグローバルに横展開できる」（髙田副社長）。すでに米国では医療機器向け販売が10％を超え、多角化の取り組みが実りつつあり、同等品質の製品を世界供給できる強みと、日本、欧米、アジアのグローバル設計体制を生かし、ＳＭＣの新たな成長力に変えていく。

◆真のグローバル企業へ脱皮

課題は、「本気のグローバル経営を確立する」（髙田副社長）こと。海外現地法人のトップは、昔から日本人以外の現地国籍の社員を充ててきたほか、エンジニアリング部門のスタッフ１６００人のうち、外国人が約６００人を占め、すでに一定のグローバル経営が実践されているものの、「国籍に関わらず、各部門で優秀な人材が活躍できる会社にしないと。高校野球ではなく大リーグを目指すべきだ」と強調する。

新型コロナウイルスの影響に一部見舞われながらも、「厳しいときがチャンス」として投資抑制することなく準備に専念し、Ｖ字回復を繰り返してきたＳＭＣ。今回も下妻工場をはじめ国内外で増強投資を実施中。空気のように見えないＳＭＣは、さらなる力を付けて令和の時代を進むことになるだろう。

●長寿の秘訣

SMC は在庫が多すぎると投資家はいう。だが消費財を中心に新製品の垂直立ち上げが広がる現在、顧客のラインに組み込む製品を短納期で大量納品することが求められる。だから不良化リスクを抱えながらも、通常ではあり得ない潤沢な在庫を持つ。それができるところに SMC の強みがある。自己資本比率 90%、売上高経常利益率 30%。景気後退局面をチャンスに変え、長期の視点で経営してきた積み重ねが、圧倒的な資本力と収益力を生み出している。

ベトナム工場 （ベトナム　ホーチミン市近郊）
日本、中国、シンガポールに続く新たな生産拠点として整備が進んでいる。

●会社概要

設　立：1959（昭和 34）年 4 月 27 日
所在地：東京都千代田区外神田 4-14-1　秋葉原 UDX
事業内容：自動制御機器製品の製造加工および販売
資本金：610 億円（東証 1 部上場）
売上高：5,260 億円（2020 年 3 月期連結決算）
社員数：20,853 名

URL：https://www.smcworld.com/ja-jp

水と環境のコンサルティング&ソフトウェアで社会に貢献

株式会社NJS

代表取締役社長
村上　雅亮 氏

日本の上下水道は高度経済成長の歪みとして公害問題が顕在化した1970代に急速に整備が進められた。それから50年が経過し、多くの施設が耐用年数を迎えようとしている現代、施設の老朽化が大きな問題となっている。毎年、下水管の破損が原因となる道路陥没事故が3000件以上発生している。上下水道施設の老朽化問題に、ドローンやIoTセンサなどのデジタル技術を駆使して取り組んでいるのが、水の技術コンサルティングを営むNJSである。

◆社員一人ひとりの仕事が社会貢献に直結

NJSは、1951年に戦後復興を担う下水道技術者の養成を目的に日本上下水道設計株式会社として設立され、国内外の地方自治体や政府機関に効率的な上下水道の整備を推進してきた。特に高度経済成長時代は、公共インフラの中心として全国の上下水道の新設整備に尽力する一方、顕在化する公害問題へ

企業理念

使命— Mission　水と環境のサービスを通じて、豊かで安全な社会を創造します

の取組みを積極化し、水と環境にかかわるトップコンサルタントとしての事業基盤を固めてきた。この間、阪神淡路大震災をはじめとする災害復旧では、多くの技術者を現地に派遣するなどの復興支援を展開し、震災後の施設の耐震化提言や、リスクマネジメント推進をサポート。今や「一人ひとりの仕事が社会貢献に直結している会社」（管理本部坂井貴彦氏）として、社会に欠かせない役割を担っている。

上下水道の国内普及率が、ほぼ１００％に至った現在、求められているのは上下水道施設の長寿命化に向けた維持管理。少子高齢化が進み、地方自治体の税収や料金収入の減少、さらには増大する自然災害の発生リスクなど、インフラの維持管理は難しさを増すなか、同社は長年のコンサル事業で培った技術と経験をもとに、アセットマネジメントの推進や効率的な上下水道の調査点検技術の開発のほか、各種施設のメンテナンス情報と財政シミュレーション等のマネジメント情報を統合したクラウド型の上下道情報管理プラットフォーム「ＳｋｙＳｃｒａｐｅｒ」を独自開発し、自治体向けに幅広いソリューションを提供している。

(株)自律制御システム研究所と共同で開発した
管内調査点検用ドローン「AirSlider」

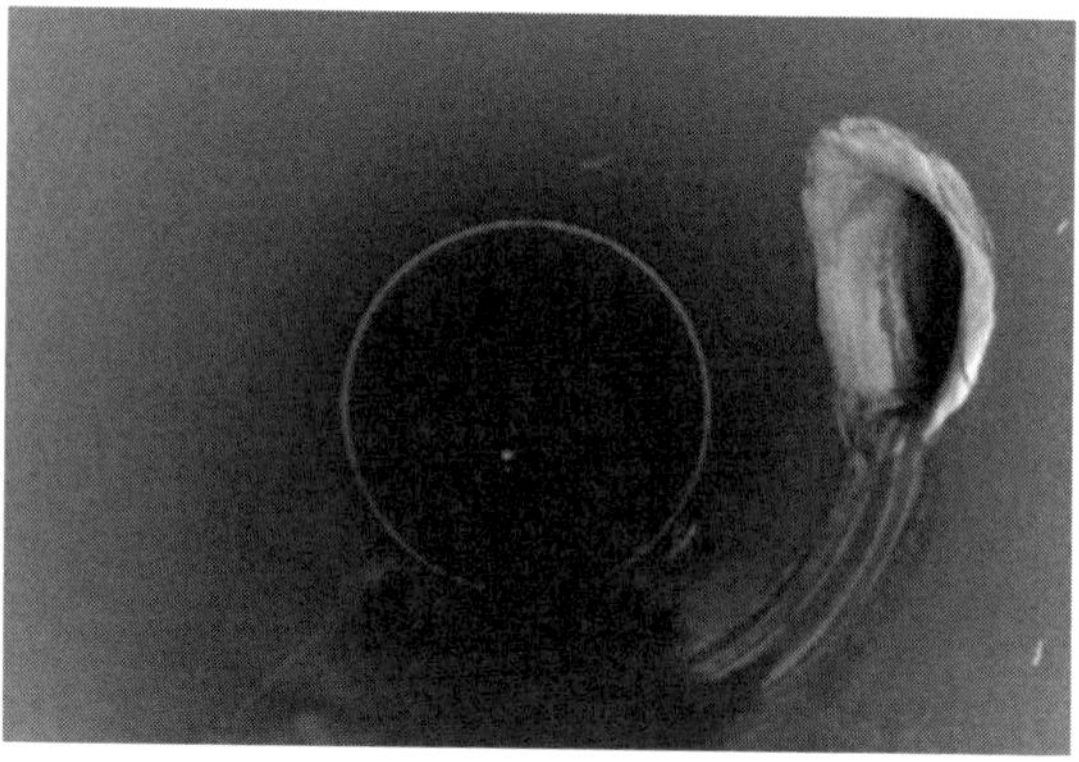

AirSlider で撮影した管内画像（直径 400mm の小口径管路まで飛行して撮影可能）

◆ドローンを用いた無人点検システムも開発

なかでも特筆されるのが、下水管等の管路内部の閉鎖性空間を無人で調査点検できるドローン「ＡｉｒＳｌｉｄｅｒ」。２０１７年に千葉大学発ベンチャーの株式会社自律制御システム研究所と共同開発したもので、狭い管路内を安定して飛行させ高解像度カメラにより鮮明な画像を取得する保守メンテツールだ。最近では、水力発電所の鉄管や各種排水施設へ適用範囲を広げており、ＩｏＴ型機能劣化診断システムと合わせた効率的な設備調査サービスを積極化している。今後は「コンサルティングとともに、ＩＣＴのデジタル技術を用いたソフトウェア開発で水と環境にかかわる多彩なサービスを展開していく」（同）方針だ。

２０１９年11月には、高知県須崎市と公共下水道施設の運営事業で、民間企業が運営権を取得しサービスするコンセッション契約を締結。上下水道に関するコンセッション事業としては国内２例目となる新規事業だ。大きな転換を迎えた国内上下水道インフラの頼もしいサポータ役として、同社の存在感が増すことになりそうだ。

●長寿の秘訣

官公庁向けの仕事がほぼ100%を占める。官公需依存ビジネスの多くは、ときに前例踏襲や挑戦をためらう文化を宿すもの。ところがNJSには、そんな守りの姿勢は見られない。むしろさまざまなICTツールを自ら開発して、自治体のデジタル化を後押していこうという機運がみなぎる。新たな防災・減災技術も含め、水と環境インフラを通じて、人の暮らしと安全・安心を守ろうとする使命感。社会が混迷を深めるなか、同社の真価が発揮される時代が訪れた。

マレーシア首都圏下水道整備事業に参画（写真はNJSが設計した下水処理場）

●会社概要

設　立：1951（昭和26）年9月3日
所在地：東京都港区芝浦一丁目1番1号　浜松町ビルディング14階
事業内容：●上下水道等のインフラに関するコンサルティング、調査・設計・施工管理・経営コンサルティング、環境計画・環境アセスメント・防災減災対策
●上下水道等の事業運営に関するサポート業務、住民サービス・財務会計処理・総合施設管理、企業会計移行・官民連携サービス・経営改善支援
●海外コンサルティング事業
資本金：5億2,000万円（東証1部上場）
社員数：487名〔グループ814名〕（2019年12月末現在）

URL：https://www.njs.co.jp/

まちづくりのトータルソリューションカンパニー

株式会社オオバ

代表取締役社長
辻本　茂 氏

東日本大震災から丸10年、被災したまちの多くがそれぞれの復興を遂げてきた。この震災復興業務に広く、深く関わってきた企業がある。総合建設コンサルタントの株式会社オオバだ。ほとんどゼロからのまちづくり。被災した人々の声を聞き協議を重ねる一方で、地権者との調整や開発許認可等の行政手続きを進めていく。各地で展開された途方もなく膨大で長きにわたる復興プロジェクトにおいて、オオバは黒子となって持てる力を発揮した。

1922（大正11）年、鉄道省出身である創業者の大場宗憲氏が始めた測量、設計業務が発祥。昭和7年に、三井合名会社が品川区・戸越で行った大規模宅地造成事業で、設計施工管理業務を一括受注し、以来、戦後の高度経済成長に至るまで、三井不動産を中心とする住宅総合開発の測量・設計業務で成長を遂げてきた。いわばまちづくりの先駆け的存在で、現在では土壌や環境、道路、上下水

社是

「誠」「積極進取」「和」

道、河川砂防に鋼構造物など、各分野の専門知識を有する社員を多数揃え、区画整理から環境保全、施設の維持管理まで、多種多様なまちづくりをワンストップでできるソリューション企業となっている。

◆震災復興事業で存在感

なかでも「人々と向き合い課題解決してきた経験の積み重ね」(辻本茂社長)が、同社最大の強みでもある。専門知識を駆使した業務遂行能力に加え、地権者との交渉など地域に寄り添った高い調整能力が、震災復興業務で生かされた。辻本社長は「派手なことはしていない。地元の意向を理解して復興計画をスムーズに着地させただけ」と語るが、東北の各地で示したオオバの取り纏め能力は、その後熊本地震をはじめとする各地の災害復興事業でも請われることになった。

創業100年を目前に控えるが、「バブル期には、会社の方向性を見失った時期があった」と打ち明ける辻本社長。今回の震災復興事業により、「基本に立ち返ることの重要性を認識させられた」という。それが土木建築に関する技術力。

戸越分譲地宅地造成事業(昭和7年　三井不動産(株)開発プロジェクト)

柏の葉アクアテラス（平成 28 年　三井不動産(株)開発プロジェクト）

持続的な成長には一段の技術力向上が必要と判断し、最優先課題として技術者の育成に取り組んできた。例えば技術士は、今年の合格見込みを含め、この3年間で約50人増えて２００人を超えてきている。今後も資格手当などのインセンティブを付与して、技術士のほか一級建築士や補償業務管理士、土木工事関連の専門技術者資格「ＲＣＣＭ」などの資格取得を推進していく方針だ。

◆平均年齢30歳台も視野に入れる若返り

最近のオオバで見逃せないのが社員の若返り。平均年齢はピーク時44・１歳に達したが、ここ数年は毎年下降を続け、２０２０年５月期末は42・５歳。辻本社長は「このままのペースで行けば５年後には40歳台を割り込む」と嬉しそう。若い力を育てるためにも、社員を大事にしていく姿勢を明確にしていく考えだ。一方で、創業１００年を迎え、弱体化する日本の基礎研究の現状を憂いて、まちづくりに携わる大学研究室に対する助成や支援を行うとともに、創業以来のオオバ社員に対する感謝の念を表す慰霊塔を建立する。「地球がある限り土木事業は存在する」という創業者の言葉を胸に、１００年を超えこれからも社会と人々に貢献し続けるオオバの姿が見られそうだ。

●長寿の秘訣

震災復興事業を通じて、オオバは変化した。若い力を集め、技術力を高め、新たなプロジェクトを次々に手掛けていく今のオオバは、自信と誇りに満ちている。何のためのコンサルか、何のためのまちづくりか。その答えを再発見したかのようだ。「われわれの仕事に建築家のような芸術性はない」と辻本社長は言う。そこに住む人々が幸福な日常を過ごせる空間をつくること。ただそのことのために人知れず汗をかく。オオバという会社は、珍しいほどに潔い会社なのかもしれない。

女川町震災復興事業（令和２年　宮城県女川町・女川駅前）

●会社概要

創　　業：1922（大正 11）年 10 月 1 日
設　　立：1947（昭和 22）年 10 月 1 日
所 在 地：東京都千代田区神田錦町 3-7-1　興和一橋ビル
事業内容：総合建設コンサルタント
資 本 金：21 億 3,173 万円（東証 1 部上場）
社 員 数：522 名（2020 年 5 月現在　連結）

URL：http://www.k-ohba.co.jp/

国内冷間鍛造のパイオニア

小倉鉄工株式会社

代表取締役社長
小倉　英夫 氏

多様で複雑な形状を施された金属部品。数十点はあろうかと思われる見本のすべてが、切削加工していない冷間鍛造によって作り出された品だ。小倉鉄工の陳列棚に並ぶ加工品の数々は、冷間鍛造のパイオニアとして駆けてきた同社の高い技術力を物語る。

◆大阪に通い詰めて技術を習得

東京・足立で1922（大正11）年、初代寅松が家業でつちかった熱間鍛造による自転車部品製造で創業、戦後も自転車のペダル軸で生産再開した。「もともと鍛冶屋だから現場は熱くて仕方ない。社員は休むし、怠けるし。2代目社長が、戦後まもなく探してきたのが冷間鍛造だった」と、3代目の小倉英夫社長は説明する。冷間鍛造とは、常温で金属材料に力を加えて望む形状や寸法に仕上げる塑性加工の一つ。削る必要が少なく、強度に優れ、バリも出ない。

会社理念

世の中のためになる物を造る

何より一発で形状を作れるから、工程削減や劇的なコストダウンが可能だ。

今でこそ自動車部品で多用されるが、国内では大阪の工業奨励館（現産業技術総合研究所）の冷間鍛造研究が始まりで、2代目時蔵氏は奨励館に毎月通いつめ、技術とノウハウを徐々に習得した。「入社当時は、まだ焼き付き防止の離型剤も手探りで研究していた時代。それでも冷間鍛造の自転車ペダル軸は、営業しなくても受注が舞い込んだ」と、1970年入社の遠藤阿佐夫工場長は、当時を懐かしむ。

◆量を追わず質を高める

やがて冷間鍛造技術は、自動車部品などものづくり全般に急速に普及し始めたが、他社に先駆けて冷間鍛造を多分野に展開してきたのも小倉鉄工。「ときには金型をダメにするなど失敗を繰り返しながら、さまざまな挑戦を続けた結果が、技術向上につながった」（小倉哲也専務）という。現在では自動車部品が全体の約4割を占め、自転車用は約3割に留まるが、小倉専務は、「昔と違い当社がいま扱っているのは、一台数十万円する高価な自転車用。ペダル単体で2万円と

当時の自家用トラック

いうのもある」と説明し、コロナ禍の特需も合いあまって、いまなお自転車用ペダル軸が、同社の強みの一つであることに変わりはないようだ。

鉄やアルミのほか、クローム銅、ステンレス、チタンといった難加工材でも精密鍛造できることや、100トンから630トンまでのプレス機、フォーマー（横型多段式鍛造機）、NC旋盤を取り揃え、鍛造から切削までの複合加工で完成品供給できるのも強み。2021年にも4代目社長となる小倉専務は、「受注量を増やすよりも品質を高めることに主眼を置いて、技術革新に取り組んできた。このスタンスは今後も変わらない」と強調し、冷間鍛造を軸に短納期や工程削減、あるいは後加工が不要のネットシェイプ鍛造で、顧客価値を提案していく方針だ。

創業期メンバー

2022年に創業100年を迎える小倉鉄工。「まだまだ冷間鍛造で行ける分野は数多くある」（小倉専務）。ポスト創業100年を見据えて、冷間鍛造の可能性を広げるチャレンジが続くことになりそうだ。

●長寿の秘訣

一般にプレスは量産に尽きる。金型さえあれば、ワンショットいくらで利益が転がり込む世界。しかし冷間鍛造で先んじた小倉鉄工は、量的拡大による利益の増大には踏み出さず、技術向上を追い求めた。これがアジア、中国の台頭に見られるグローバル化に対応できた最大の要因だろう。いまなお高級自転車ペダル軸を供給しているのも、冷間鍛造の先進技術があればこそ。歴史が浅い冷間鍛造ゆえ、今後の需要開拓の動きが楽しみでもある。

圧造金型

各種機能部品

●会社概要

設　　立：1922（大正 11）年 4 月
所 在 地：東京都足立区扇 1-50-26
事業内容：自動車部品、自転車部品、電力用部品、難加工、各種機能部品等
資 本 金：2,000 万円
売 上 高：8 億円
社 員 数：45 名

URL：https://www.ogura-t.co.jp/

自走式クレーンで社会インフラの整備に貢献

株式会社加藤製作所

代表取締役社長
加藤　公康 氏

エンジン音を響かせて、大きなタイヤを自ら転がし、黄色い巨体が街を行く。車体には、濃紺で白抜きされた「ＫＡＴＯ」の極太ゴシック。加藤製作所の自走式クレーンが公道を走る日常的な光景だ。建設現場だけでなく、ときには災害現場にも向かう自走式クレーンの活躍の場は広い。いまや社会に欠かせない存在となったが、国内で約半分のシェアを持つ加藤製作所の歴史は明治の時代まで遡る。

◆安全で強靭なモノづくり。技術重視を貫く125年の歴史

１８９５（明治28）年に、機械修理を営む個人事業で創業。１９２０年代以降は専用鉄道や工事軌道向けの小型内燃機関車で業容を拡大し、戦前戦中は軍事用トラクタを数多く手掛けた。戦後はＧＨＱにトラクタの製造を止められ、農機や小型機関車で事業を継続、１９５９年の油圧式トラッククレーンの生産開始で、現在の建設機械メーカーとしての原形が作られた。

経営理念

優秀な製品による社会への貢献

「安全で強靭なモノづくり。さらに新しいものに挑戦する姿勢を貫いてきた」と語るのは、加藤公康社長。現在は自走式クレーンのほか、油圧ショベルや路面清掃車など、数々の建機、特装車を製造販売し、「多少オーバースペックであろうとも、安全確保に妥協しない姿勢と、徹底してユーザー視点に立った設計開発が、当社のDNA」(加藤社長)という。

要所には、新幹線と同性能のブレーキを使うほか、油圧制御などの細かい動きを何度も実験し、操縦者のフィーリングに寄り添った追随性の高い製品づくりを目指す。創業から受け継がれてきた貪欲な新技術・新製品開発も健在だ。背景にあるのが、「製品の一部分を任せるのではなく、製品全体を任せる設計手法」(同)。比較的若い社員でも、全体を任せることもあるそうで、そんな伸び伸びとした気風から生まれた新機構もある。加藤社長は、「自分が手掛けたという達成感を持ってもらえることも大きい」と、解説する。

◆IHI建機の吸収合併で総合建機メーカーへ

創業から125年、中国・アジア、欧州での現地生

80トン　ラフテレーンクレーン　SL-850RfⅡ

東京エクセレンス

産をはじめ、海外進出を本格化した同社はいま、飛躍の時を迎えている。2016年にIHIの子会社であるIHI建機の全株式を取得して子会社化したためだ。「両社の製品ラインアップや社員の年齢構成に、まったくバッティングが見られず、最適なマッチングだった」(同)とされ、2018年には子会社を吸収合併したのに続き、旧IHI建機の工場を閉鎖し群馬工場へ統合したほか、旧IHI建機のOBを講師役とする若手技術者の養成講座を開講したり、オペレーターを育成する教習センターを開設するなど、矢継ぎ早に態勢を整えた。文字通り建機の総合メーカーとして、一段の成長が期待されている。

　一方で、地域社会への貢献を目的に、2018年にプロバスケットボールチーム「東京エクセレンス」の運営会社の全株式を取得し子会社化した。「チームの応援を通じて、少しでも会社が一致団結できれば」と、語る加藤社長。早期のB2復帰が待たれるが、125年の歴史を歩む企業トップの目標は高く、〝期限なしのB1優勝〟にちがいない。

●長寿の秘訣

創業家で4代目となる公康社長。半世紀に及んだ先代社長の時代から、2004年に経営のバトンを引き継いだ。「家業をしっかり継いでいくという責任感めいた思いが、私の原動力。陳腐化しないよう、これからも新しいモノを取り込んでいく」。国内外の相次ぐ投資に加え、M&Aとはほぼ無縁できた家業に、IHIの新たな血統を取り込んだ。今のありようを守るだけでは、家業を継げないことを知っている。4代目率いる加藤製作所は、迅速果断な老舗企業と言えるだろう。

鉄道用モーターカー

●会社概要

創　　業：1895（明治28）年
設　　立：1935（昭和10）年1月
所 在 地：東京都品川区東大井1-9-37
事業内容：建設用クレーン、油圧ショベル等及びその他の製品の製造ならびに販売
資 本 金：29億3,589万円（東証1部上場）
社 員 数：896名（連結1,302名）2020年3月31日現在

URL：http://www.kato-works.co.jp/index.html

なおも変革に挑み続ける創業114年のエレクトロニクス技術商社

株式会社カナデン

代表取締役社長
本橋　伸幸 氏

2019年8月、東京・晴海のオフィスに本社事務所を移転集約した。2・5フロアに本社社員をほぼ一堂に集めた。各事業部門の縦割り意識を取り払い、組織連携を促すのが狙いだ。同年4月には各事業部横断の「ソリューション技術本部」を新設、10月にはインサイドセールスの専門組織「デジタルマーケティング課」も立ち上げた。「堅い会社だが、会社を変える。古い体質を一新する」（本橋伸幸社長）。創業114年を迎える株式会社カナデンはいま、「エレクトロニクスソリューションズ・カンパニー」の実現に向けて、社内改革の真っ只中にある。

◆単なるモノ売りではない

神奈川電気合資会社として、1907年の創業。電気機械器具の販売や電気工事で業務開始し、1922年の三菱電機製扇風機の販売開始で、同

企業理念	
Mission：	よきものづくりに支えられた健全な社会の発展
Vision：	お客様を最も知るベストパートナー
Value：	お客様に喜ばれ社会に役立つ、誠実に正道を歩む、挑戦と革新

社製品を取り扱う流れが整った。戦後も三菱電機を中心に重電関連製品や冷熱機器などで着実に事業を拡大し、現在は「ＦＡシステム」、「ビル設備」、「インフラ」、「情通・デバイス」の４つの事業領域で活躍する国内有数のエレクトロニクス技術商社に成長を遂げた。本橋社長は、「誠実で真面目な社員が力を発揮し、優良な顧客やパートナーに恵まれ１１０余年の歴史を刻んで来られた」と振り返る。

最近は、「エレクトロニクスソリューションズ・カンパニー」を掲げ、単なるモノ売りではなく、顧客の課題解決に役立つベストなシステムは何なのかを、顧客とともに突き詰めるコーディネート能力を前面に、特にＦＡシステム部門を伸長させてきた。一方で、急速なデジタル技術の進展やグローバル競争の激化は、同社を新たな挑戦に駆り立てる。本橋社長は、「日本にモノづくりがある限りＦＡはなくならない。だが今後はＦＡ事業単体ではなく、カメラや画像といったＳＩ（システムインテグレーション）技術を融合させた取り組みが欠かせない」と解説する。

◆ＳＩ融合と組織連携

新組織の「ソリューション技術本部」によるＩＰビデオマネ

移動式架台一体型ロボット「KaRy」

ジメントソフトを活用したシステム提案が、FAとSI融合の代表例。全方位のAIカメラにIoTセンサと監視システムを接続し、多様な制御・機能システムを統合、連携できる次世代ソリューションだ。

各事業部横断の組織連携も急を告げている。各事業部から選抜した10数名の社員で「ソリューション塾」を開設。「実践を伴った勉強を通じて、トータルソリューション提案力を強化する」（井口明夫取締役執行役員事業統括室長）方針で、「すでに実績が出始めた」（同）という。海外事業もベトナムの現地法人設立に続き、タイには商材開拓機能を担う第2拠点を設立するなど、東南アジアを中心に深耕していく。

創業時の神奈川電気合資会社本社事務所（明治40年頃・港区芝大門）

「社内に新しい風が吹いてきた。古くて堅い会社だが、チャレンジングで面白い会社という印象が、若い社員を中心に芽生えている」と語る本橋社長。その発信役となっているのが、こちらも新組織の「デジタルマーケティング課」。SNSやウェブを駆使して、従来のカナデンとは異なるトライを重ねている。2021年度から始まる5年間の中期経営計画には、アグレッシブな長寿企業の姿が示されることになりそうだ。

●長寿の秘訣

5ヵ年計画策定に向けた10年後のバックキャスティング討論会。本橋社長は「10年後に居ない人間で討論しても意味はない」と、即座にメンバーの入れ替えを指示したという。「デジタル世代の活躍の場を作ってあげるのが、我々アナログ世代の仕事」とも。上意下達を良しとすれば、組織は活性化しないことを知っている。それが100年企業のDNAなのだろう。世代を超えたボトムアップの力が、カナデンの次代を切り拓く。

本社のある東京都中央区・晴海トリトンスクエア

●会社概要

創　業：1907（明治40）年5月
設　立：1912（大正元）年12月
所 在 地：東京都中央区晴海1-8-12 トリトンスクエアZ棟
事業内容：FAシステム（FA・産業システム・産業メカトロニクス）
ビル設備（ビル設備、空調・冷熱機器）
インフラ（交通事業者向け電機品・社会システム）
情通・デバイス（半導体・デバイス、情報通信機器）
資 本 金：55億7,625万円（東証1部上場）
社 員 数：631名、連結868名（令和2年4月現在）

URL：https://www.kanaden.co.jp/

徹底した課題解決により日本の製造業に貢献

蒲田工業株式会社

代表取締役社長
蒲田　善明 氏

安全対策や異物混入対策、静電気対策、熱中症対策、省エネ、コストダウン、長寿命化――。ものづくりの現場には様々な課題がある。蒲田工業は、そんなお困り事を解決するスペシャリスト集団だ。創業100周年を迎えた実績と経験に裏打ちされた課題解決能力で、安全柵や防音壁、クリーンルームの設置など、製造現場の状況に合わせて機器の選定から設計製作、据え付け・工事、メンテナンスまで一貫して引き受け、課題を解決してくれる。近年ではクリーンルームやクリーンブースの設置で大きく実績を伸ばしており、幅広い現場から厚い信頼を集めている。ここ3年売上高経常利益率が5%を超える好業績であるし、コロナ禍にもかかわらず今9月期も昨年を超える数字で推移しているのが何よりの証拠だろう。

経営理念

ものづくり現場におけるお困り事解決のスペシャリスト集団として、お客様の繁栄に寄与する事を通じて社会に貢献する。

◆現場に密着して課題解決を具体化

実際、ものづくりの現場には想像以上に課題が多い。だが、漠然としたイメージがあるだけで具体的な対策が打てずにいることも少なくない。蒲田工業は、様々なお困り事を解決するスペシャリスト集団だ。「製造現場の問題点を洗い出し、改善したいイメージを具体化するのが我社のノウハウ」と蒲田善明社長は語る。同社には、機械・装置メーカーや床・配管工事業者など、製造現場の様々な課題解決に欠かせない多種多様な協力会社やメーカーとのネットワークがある。安全柵の設置などの安全対策から、間仕切り工事、エアシャワー、クリーンブースの設置による異物混入対策まで、幅広い課題解決がワンストップサービスで施工できる。

創業1921年の同社は今年100周年を迎えた。「創業以来、製鉄、製紙、印刷、化学、食品、医療など幅広い業種の製造現場に密着し、活動を続けてきた」という蒲田社長。そんな同社だからこそ可能となるものづくり現場の課題解決と言えるだろう。

◆製造ラインの最適をヒアリングで選定

もともと同社は、工業用ベルトや省力機器を中心とした商社活動が主力であった。「転機となったのは2000年以降」

昭和36年（創業40年）の集合写真

年６回各種展示会に出展中

と蒲田社長は明かす。「ある取引先のメーカーから工場内にある製造機械の【防塵】に対する相談を受け、アルミフレームと樹脂板で機械を囲う加工を施して課題を解決した。これが現在のクリーンルーム施工事業のきっかけとなった」（蒲田社長）。

しかし、クリーンルーム設置を始めとする現場の課題解決には、困難も多い。床の水平度、電気や配管の位置、換気扇の場所、消防署の設置許可など、配慮を必要とする事柄が多岐にわたる。だからこそ、同社のような課題解決のスペシャリストに頼むのがスピーディーな解決につながるのだが、「そのためにはヒアリング力が欠かせない」と蒲田社長は指摘する。同社の営業が現場の状況を丹念にヒアリングし、製造ラインを知り尽くしているからこそ、最適な装置を選定できるのだ。

クリーンルームに限らず、バルブ、ベルトなど製造現場で必要となる様々な製品やサービスを提供できる同社。長年の豊富な経験と実績に基づいた一歩先を行く提案で、顧客となる企業の課題解決に貢献している。

●長寿の秘訣

1921年の創業以来、蒲田工業は技術や知識の研鑽を重ね、時代や顧客のニーズに適う製品やサービスを提供できるように追求してきた。多くの課題を抱えるモノづくりの現場に密着し、単に商品を販売するだけでなく、長年培った技術と信頼を土台に、機器や装置、製品の提案を行い、要望に合った施工を顧客の工場内に実施する。そうした課題解決を通じ、顧客の役に立つという精神を創業時代から一貫して持ち続けていることが同社の強みと言えるだろう。

2020年10月12日経営計画発表会の集合写真

●会社概要

創　業：1921（大正10）年
設　立：1943（昭和18）年10月
所在地：東京都港区高輪4-8-33 ハイネス高輪405
事業内容：クリーンルーム、クリーンブースの設計・製作・施工、工業用ゴム及び樹脂製品の加工・販売
売上高：53億4,800万円（2020年9月）
資本金：9,300万円
社員数：100名

URL：https://www.kamata.co.jp/

伝統技術で新たな価値を提供し続ける工作機械メーカー

株式会社北村製作所

金属平面の摩擦抵抗を減らす目的で微小な窪みを付けるキサゲ加工。平滑度の高い金属面同士を密着させると互いに固着して円滑な移動が困難になるが、キサゲで作られた微細な窪みに潤滑油を供給することで、金属の滑らかな移動を実現できる。工作機械の性能を左右する直線動作にすべりガイド方式を採用する北村製作所にとって、このキサゲ加工は高精度マシンを生み出すための中核技術でもある。

◆熟練のキサゲ加工が支える高精度マシン

創業者の北村金太郎氏が墨田区で、ご近所だった精工舎（服部時計店＜現セイコーホールディングス＞の製造部門）の依頼により、工作機械の製造を始めたのが1893（明

代表取締役社長
稲葉　弘幸 氏

企業理念／経営理念

＜企業理念＞
ものづくりで社会貢献、ものづくりでひとづくり
＜経営理念＞
①誠意は道を拓く、誠心誠意で得た信用は最大の財産である
②行動は信念を生む、結果を恐れずに行動せよ
③品質を高め、生産効率を向上させる。きかいづくりでユーザーから選ばれる企業を目指す

治26）年。日本を代表する精密機械会社の高い要求品質に応えながら、戦前、戦後と一貫して高精度の工作機械を作り続けてきた。現在は、自動車部品や光学機械などの各種精密加工用のカスタマイズ製品を中心に、クシ刃型、タレット型の各種CNC旋盤やCNC研削盤を手掛けるが、5代目の稲葉弘幸社長は、「圧倒的にクシ刃型の注文が多い」と言う。

加工物（ワーク）を回転させ、そこにさまざまな刃具を当てて削っていく旋盤。円形の刃物台に複数の刃具を取り付けられるタレット型が現在の主流だが、水平の刃物台に複数の刃具を横並びに設置するのがクシ刃型。「複合加工に向けた多彩なユニットが組めるほか、加工時に発生する摩擦熱の影響を受けにくく、高い精度を出せる」（稲葉社長）のが、クシ刃型の最大の特長だ。もう一つの同社の特長が、台座と送り台の摺動面にすべりガイド方式を採用すること。最近は初期コストが安く位置決めしやすいことから、ボールの転がりで移動させるリニアガイド方式が用いられるが、同社は、最適な形状と深さでミクロン単位の窪みを施すキサゲ加工によって、すべりガイドの弱点とされる微小

内面研削付きクシ刃型CNC旋盤KGI-20N II
（ハイブリッドグラインダー）

2019年新入社員歓迎会

動作の課題を克服。稲葉社長は、「初期費用は高くても、メンテが簡単でランニングコストは格段に安いからリピーターが多い」と、すべりガイドの利点を説明する。

◆切削&研削の1台二役の戦略商品を開発

一方、新たな取り組みも始まっている。例えば、1チャックでハードターニング（熱処理加工された高硬度材料の切削加工）と内面研削加工が可能なCNCハイブリッドグラインダー。1台二役で、旋盤加工と研削加工を実現し、工程集約などの現場メリットを提供できる。「長さ300ミリメートルで数ミクロンという高精度キサゲ加工の賜物。キサゲによって作られた高剛性のすべりガイドがなければ商品化できなかった」（稲葉社長）と、振り返る。商品開発に際し、高精度、高回転の高周波スピンドルを自社開発し、機動的に顧客提案できる態勢も整え、戦略商品として営業を強化する。今後も、熟練技のキサゲ加工を伝承しつつ、クシ刃型、すべりガイドといった独自路線で、自社ブランド「KNC」の確立を目指していく方針だ。

●長寿の秘訣

市場に迎合することなく自社の強みを見極め、毅然と独自路線を貫く。数ある工作機械メーカーのなかで異彩を放つも、それは差別化の裏返し。真面目に、愚直にモノづくりに向き合う姿勢は、昔も今も変わらない。「社員が有する知識やスキルはかなり高い」（稲葉社長）と言う通り、長年の技術に裏打ちされたソフト対応力が、同社ブランドの源泉だ。「まだ内緒」としつつ、他社とのコラボレーションも視野に入れ、次の100年を彩るための挑戦が続く。

社屋

●会社概要

創　　業：1893（明治26）年
設　　立：1951（昭和26）年
所 在 地：東京都墨田区太平4-13-4
事業内容：精密工作機械の製造及び販売
資 本 金：5,000万円
社 員 数：114名

URL：https://jknc.co.jp/

産業全般の小ロットEMSソリューションを展開

京西電機株式会社

代表取締役社長
田野倉　寛 氏

数ある電子機器の受託製造サービス（ＥＭＳ）会社のなかで、京西電機株式会社ほど柔軟なＥＭＳ会社はないかもしれない。世界的に普及したファブレス（設備なし）メーカーの生産工程を請け負うＥＭＳ。当然そこでは、完璧な設計図面をもとに、生産物の仕様やロット、納期、価格に関する厳格な契約が交わされ、発注側は売れ行きに関わらず、決められた量の生産物を引き取る。ところが京西電機は、顧客となる発注サイドの事情に応じて数量の増減に応じることもしばしばだ。なかには顧客が作成した

企業理念

MISSION『使命』
お得意先　お取引先を通じ　社会に役立つ企業
地域の皆様を通じ　社会に愛される企業
事業を通じ　従業員一人一人を大切にする企業

VISION『到達目標』
エレクトロニクス製品の開発・生産事業を基盤とし、環境保全を念頭に、お客様本位の製品を提供することにより、お客様・社会の発展に貢献する。
社業を通し、社会への貢献と、全従業員の物と心の両面での幸せを追求すると共に、企業価値の最大化を目指す。

図面では、実際のモノができないケースもあり、京西電機が必要な手を加えて製造を可能にすることもある。小ロット中心の事業形態であるとはいえ、ある取引商社は同社に対し、「あまりに顧客に従順すぎる」とこぼしたという。

◆カスタム電源の設計開発をテコに

創業の元は、カピタン織として知られる地元八王子銘仙の織物産業。戦中に織機の修理等を営むなかで軍需工場に指定され、現在の横河電機から通信機器部品の技術指導を受けたという。終戦に翌年1946（昭和21）年に、京西電気研究所を立ち上げリレーコイルなどの電話交換機用部品の製造を手掛け、1964（昭和39）年に会社設立。70年代以降は、日本電気向けの電話交換機（PBX）用電源装置やFAX、ミニコンピューター部品で成長し、ピーク時には売上の9割以上が日本電気向けで占められた。

ところが携帯電話の登場を境に、固定電話の交換機需要は徐々に減少し、日本電気依存の事業体質は長く続かない。このとき大きな力を発揮したのが、電源装置開発の社内技術。70年代後半、日本電気から一部交換機用電源の特注品開発を任されたのを機に、専門技術者の育成に乗り出していた。田

昭和40代工場にて電話交換機を製作

仕様に合わせた、カスタム電源の開発・設計・試作・量産まで対応することが可能

野倉寛社長は、「このとき学び教わった開発技術が、現在の当社の原点。市場はニッチだが、今なおさまざまな産業分野で使われるＰＢＸ用カスタム電源で、圧倒的な強みを持っている」と説明する。

◆NTT交換機品質をバックにした高い信頼性

　通信向けの受注は大幅に減ったものの、高い通信品質を誇ったＮＴＴの交換機用電源を扱ってきた実績は、信頼の証しとなってこだました。半導体製造装置、医療機器にはじまり、通信、鉄道、放送映像に金融端末と、カスタム電源の設計開発を中心に、基板実装から組立までカバーする同社の受託製造は、産業全般をカバーするまでに拡大した。田野倉社長は、「25年間、停まらない電源を作ってほしいとか、ほとんど無茶と言える注文もたまに来る」と苦笑いする。

　高品質に基づく圧倒的な信頼性と、顧客に対し徹底した小回りを利かせる柔軟性。さらに各国の認証規格を取り揃え、顧客の要望に応じて、仕様整合から設計・開発、基板実装、組立、試験に至るまで、トータルなＥＭＳソリューションを確立した。「顧客に恵まれ、顧客に育てられた」と振り返る田野倉社長。5年前から始めた社内カイゼン運動の効果に目を細めつつ、真面目に、実直に歩んできた地道なやり方で、京西電機のフィールドを広げていく方針だ。

●長寿の秘訣

一般的な量産EMSと一線を画し、カスタム電源の設計開発力を軸にした小ロットEMSという独自の世界を築き上げた。小回りの利く柔軟性も、顧客が求める本質部分を読み解き、図面に落とし込める力があればこそ。長い経験と深い専門性に満ちた設計製造技術を物語る。「ようやく成果が出始めた」というカイゼンは、取引金融機関が見学に来るほどの効果とか。損益分岐点を下げることで、一段の体質強化を目指す同社は、顧客にとって頼もしいパートナーに違いない。

山梨工場（山梨県西八代郡市川三郷町）

●会社概要

設　　立：1964（昭和39）年2月
所 在 地：東京都八王子市千人町4-7-17
事業内容：EMS事業（基板実装、装置組立）電源事業（カスタム電源設計・開発）
資 本 金：4,455万円
社 員 数：150名

URL：https://kyosai.co.jp/

ボーリングマシンのトップ企業は地下開発のプロ集団

鉱研工業株式会社

代表取締役社長
木山　隆二郎 氏

サハラ砂漠に井戸を掘る。砂が広がる大地でも、地下80メートルも掘れば地下水がある。電気も水もない村に井戸ができれば、村人は過酷な水汲み労働と不衛生な水から解放される。マリ、モーリタニア、ブルキナファソにカメルーン。2000年以降、ODA（政府開発援助）による鉱研工業株式会社の水井戸掘削事業が相次いだ。2019年には、国際協力機構（JICA）事業に採択され、マラウイで農業用水井戸プロジェクトも始める。各国を飛び回り現地で水井戸掘削を進めてきた木山隆二郎社長は、「橋やスタジアム建設といった〝目に見える元借款〟に比べ、日本のODAは目立たない。それでも村人は喜ぶ。川のない所で農業ができる。SDGsにもかなう」と、自社技術を用いた社会貢献活動を説明する。

社是／経営理念

〈社是〉
ONE & ONLY の技術構築のために前進
〈経営理念〉
顧客の安心を以て信頼を得、全社員とその家族の幸福を追求し、地球と社会に限りなく貢献する会社となる。

◆他を圧倒するボーリング実績

戦後まもなく、三井三池炭坑の石炭資源を調査するボーリングマシンの設計・製造会社を設立。高度経済成長時代には、地下工事案件に応じたマシンを次々に開発する一方、黒四ダムや青函トンネルなどの大規模土木工事のグラウト工事や先進ボーリング調査に携わった。各地の温泉や地熱発電調査、土壌汚染等の環境調査や海底調査などの施工エンジニアリング事業も手掛けるようになり、これまで国内外で施工したボーリング数は数知れない。機械製造と工事施工を合わせ持つボーリングマシンのトップメーカーに成長した。

なかでも回転と打撃の両方の力でボーリングしていくロータリーパーカッションドリル（通称アロードリル）は、国内シェア90％を誇り、各種ボーリング工事で圧倒的な強みを持つほか、直径6mの円柱立て坑を400mの深度まで掘削できる国内唯一の大口径岩盤掘さく機や、1000m以上の先の地層が把握可能な長尺水平調査ボーリング機器など、他社にはできない独自製品が数多くある。

◆安全確保と省力化に応える新製品

今後も国内は堅調な社会資本整備が見込まれ、ビジネス環境は有望と見られるが、同社はいま変革の真っ只中にある。

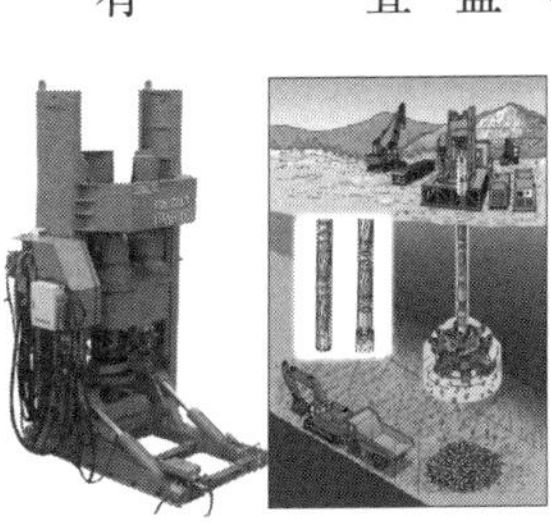

国内唯一の大口径岩盤掘さく機
ビッグマン「BM600」

国内 No.1 のシェアを誇る
全油圧式ロータリーパーカッションドリル 「RPD-180C」

国内初のロッドハンドリング装置を開発し、市場投入

ミュージアム鉱研「地球の宝石箱」
（一般の方も利用可能）SDGsへの協賛
住所：長野県塩尻市北小野4668

「製品を売るのではない。価値を売れ」。２０２０年６月、社内横断組織の製品企画委員会を立ち上げた木山社長は、こんな号令を発した。ここ数年、機械部門の赤字をエンジ部門で補うパターンが続いている。他社の後追いになる製品開発を取りやめて、強い製品に磨きを掛けていく「ＯＮＥ＆ＯＮＬＹ」戦略を掲げた。例えば、安全性と省力化。ボーリング作業は、ロッドと呼ばれるパイプを足しながら掘っていくのが基本。パイプのつなぎ作業は危険なことから、これを油圧制御で自動化したのがロッドハンドリング装置。すでにプロトタイプ３機種を完成させており、作業員を減らし安全性も格段に上がる新製品として近く売り出す。「今後もマシン本体だけでなく、顧客にプラスワンの価値を提供できる機器を開発していく」（木山社長）方針だ。

さらに、競争市場からブルーオーシャン市場（競争のない唯一の分野）への開拓を進めている。

２０２１年度からは、ＳＴＥＰ ＵＰ 鉱研 ＡＣＴＩＯＮｓ ２０２５と題した新中期５カ年計画を始動させ、創業１００周年を見据えた新たな鉱研づくりに挑む。２０２２年には、老朽化している厚木工場（神奈川県厚木市）に代わる伊勢原工場（同伊勢原市）を竣工させ、自然エネルギー１００％で稼働する次世代型工場を目指す。今後も多様なボーリングニーズを取り込みながら、施工エンジニアリングと機械装置設計・製造の両輪で地球を掘り続けていく。

●長寿の秘訣

2019年に社長就任した木山氏は、製造本部長を兼ねる。時間があれば工場に出向くそうで、最近「仕入先を〝外注〟と呼ぶのを止めにした」という。加工業者も仕入先も大事なパートナー。長く施工現場を渡り歩いた経験は、作り手本位になりがちなメーカー体質の危うさを看破する。ブランドを築いた歴史に安住することなく、次の時代の変革をいとわない。「地球だけでなく、いつか月を掘ってみたい」。社長みずから壮大な夢を語れるところに、この会社の魅力と凄みがある。

新伊勢原工場を2022年に稼働開始。RE 100を目指す。

●会社概要

設　立：1947（昭和22）年10月
所在地：東京都豊島区高田2-17-22　目白中野ビル1F
事業内容：地下資源工事用掘削機械の製造販売および工事施工
資本金：1,165,415,503円（東証JASDAQ上場）
社員数：260名（2021年2月末現在）

URL：https://www.koken-boring.co.jp/

国内シェアトップのガス栓メーカー

光陽産業株式会社

水道、電気と並ぶ重要なライフラインであるガス。ガス漏れという危険と隣り合わせにありながら、今では誰もが安心して使える欠かせない生活インフラになっている。安全確保の要となるのが、ガスの開閉を担うガス栓だ。そのガス栓で国内トップシェアを誇るのが、1926（大正15）年創業の光陽産業株式会社である。

◆飽くなき安全確保の追求

4代目となる大山健二郎現社長の曽祖父が、自身の旋盤職人としての腕を生かして、品川豊町（現在の本社所在地）でバルブ製造に乗り出したのが始まりだ。

代表取締役社長
大山　健二郎 氏

企業理念

・モノづくり
お客さま第一のモノづくりを大切にし、セキュリティー・テクノロジーを通じて、社会と暮らしの安全に貢献します。
・ヒトづくり
新世紀を担う感性豊かなヒトづくりを大切にし、太陽のように輝く企業を目指します。
・コミュニティーづくり
ともに共感しあえる社会・地域との関係づくりを大切にし、環境保全、社会貢献に努めます。

東京ガスに品物を納める血縁者がいた関係で、ガスメーターにバルブを付ける納品形態を獲得。戦後は健二郎氏の祖父にあたる2代目社長が、北海道から九州まで全国のガス事業者にガス用バルブを直接売り歩いた。「リュックサックにガス栓を詰めて全国を回っていたと聞く。北海道にはあえて冬を選んで営業していたようで、今も2代目の昔話を語るお客様がいる」（大山社長）という。地道な営業で全国販売の基礎を築き、現在は都市ガスで40％強、プロパンガスで35％のシェアを持つ業界のリーディングカンパニーに成長した。

背景にあるのは、ガス事業者とともに取り組んだ飽くなき保安性能の追求だ。例えば、ガス栓を壁や床に埋め込むタイプの開発。大山社長は「昔はガス栓といえば露出しているのが当たり前で、就寝前にガス栓閉めてと言ったものだが、最近は埋め込み型やガス機器への直接続型が主流。利用者に触ってもらわない方が安全という考え方になった」と解説する。ほかにもガス漏れを検知すると自動的にガスを止めるヒューズ機構や、つまみがなくワンタッチで接続できるガスコンセントなど、自社の開発製造技術を用いて数々の安全機構の開発に携わってきた。安全・快適をモットーに、ガス事業者の仕様に合わせて製品開発を続けた結果、今では500種類以上のガス栓、ガスコードをラインナップしている。

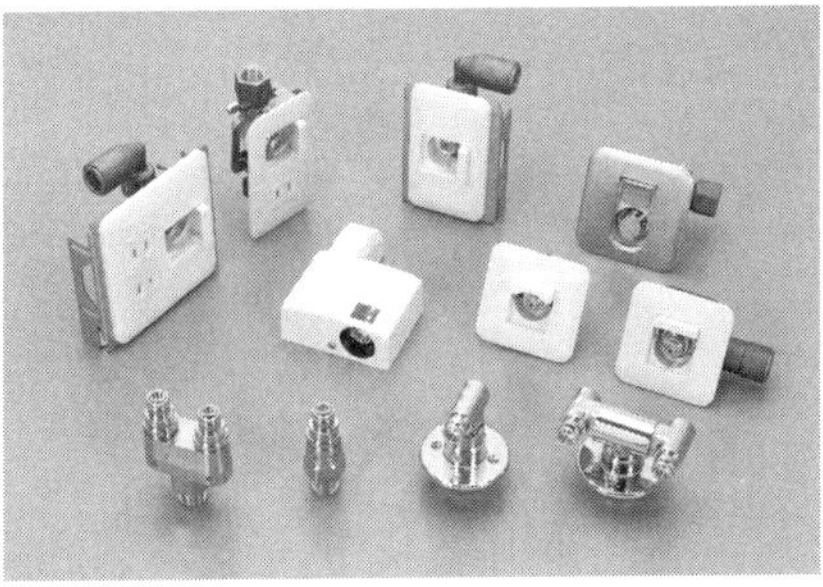

ガスコンセント（露出・ボックスタイプ）

学生との交流会

◆ガスで培った品質技術を生かし新分野進出

継ぎ手機構を生かして一方で、ガス栓で培った技術を生かし、ガス以外の分野での市場開拓を積極化している。水道機器関係のバルブ・継ぎ手や、新幹線車両用のバルブのほか、回転寿司店でお茶を入れる際に用いる湯の注ぎ口など。なかでもワンタッチ接続の継ぎ手技術を採り入れた業務用空調配管継ぎ手や、医工連携で開花した点滴などに用いる医療用コネクタをはじめ、流体や素材に応じて、安全に簡単に接続できる継ぎ手関連製品を次々に開発している。「ガスで培った長年の信頼と、高い安全品質が提供し続けたモノづくり技術が大きい」（大山社長）。設計、素材開発から加工、検査までを自社で完結し、多種多様な要望に迅速に対応できる開発製造体制が、同社の強さの一因になっている。

その開発生産拠点は、新潟県上越市に構える上越工場。近隣にある第二工場とともに、最新の機械設備と検査試験設備を整え、ガス関連製品とともに、さまざまな製品を開発しているが、最近同市内に新たな工場用の土地を取得した。大山社長は、「カメラやセンサー技術を用いて、いわゆる次世代に通用するスマートファクトリーを目指す。さらなる新規市場開拓に向けて研究開発を強化する狙いもある」と強調、5年後に迎える創立100周年を見据えている。

●長寿の秘訣

4代に渡ってガス栓を軸にガスの安全性を高めてきた。少しのガス漏れも許されないバルブの絶対品質を実現し、それが同社の信頼とブランドを高めた。大手都市ガス事業者との共同開発が基本だが、光陽産業が主体的に企画提案した機構やアイデアは数知れない。厳しい品質要求を満たしながら、多様な素材と流体を扱えるようモノづくり技術を磨いてきたことが、同社成長の原動力。スマートファクトリーで一段のモノづくり力を目指す同社に死角は見当たらない。

上越第二工場

●会社概要

創　　立：1926（大正15）年6月
設　　立：1939（昭和14）年7月
所 在 地：東京都品川区豊町4-20-14
事業内容：1. 都市ガス・LPG用ガス栓・バルブ・継手・接続具、関連部材の開発・製造販売
2. 車両用バルブ、一般産業用バルブ、止水栓・水栓器具、関連部材の開発・製造販売
3. 省力化システム・省力化機器の開発・設計・製造販売
4. 精密加工部品、OA機器、環境機器、半導体関連機器の開発・設計・製造販売
資 本 金：3億円
売 上 高：70億円（2020年6月期）
社 員 数：354名

URL：https://www.koyosangyo.co.jp/

丸モノ、難削材の超精密加工で日本の光学業界の発展を支える

光洋精機株式会社

代表取締役
齋藤　光太郎 氏

半導体製造装置、液晶露光装置、光学機器、医療機器の超精密加工を手掛ける光洋精機。１９４６（昭和21）年に「齋藤メリヤス」として創業した同社は、55年に精密部品加工組立てをスタートさせ、社名変更を経たのち、59年に日本光学工業（現㈱ニコン）との取引を開始。以来、カメラ鏡筒部分の組み立てとレンズ周りの部品加工で、「昭和」の時代を歩んできた。日本が誇る光学精密機器の多くは、高い信頼性と高品質を有する精密加工技術なくして語れない。２０１８年に3代目の社長に就任した齋藤光太郎社長は、「カメラの鏡筒部分を長く手掛けてきたので、当社が得意とするのは丸モノの精密加工。さまざまな素材のミクロンオーダーの精密加工が可能」と、解説する。

◆ステッパーの高い要求基準で技術を磨く

同社発展の基礎となったのは、同じニコンのステッパー（半導体露光装置）。

社是・理念

誠実に、高品質、高精度の製品を供給することにより、光学業界の発展を支える

1970年代に通商産業省（現経済産業省）が国内企業によるステッパー開発を推進し、ニコンが1980年代からステッパーの生産を本格化したのに伴い、光洋精機はプリズム周辺の精密部品加工を手掛けることになった。当時は、カメラの海外生産シフトが拡大していた時代。「当社も出るか残るか決断を迫られたが、海外生産に付いていく力はない。新たな製品として現れたステッパーに活路を見出した」（齋藤社長）という。

ステッパーに求められる要求品質、加工精度はカメラの比ではない。ステンレスや特殊合金などを用いて、角度や平面に加え、限りなく真円に近い理想の円筒を作る精密技術が必要だった。ステッパーの高い要求精度に日々応えるなかで、同社の超精密加工技術が磨かれていったわけだ。いまでは工程が多岐にわたる加工や複合同時加工や、複雑な形状加工や角度を持つ幾何公差の厳しい加工などを得意とするとともに、真鍮、ステンレス、熱膨張率の少ないインバー材をはじめとする特殊合金の難削材であってもミクロンオーダーの精密加工を実現している。

◆地域密着へ山形県長井市でネーミングライツも

山形県長井市に工場を有し2020年4月に11号館を増

径が500mmを超えても、平面度、平行度、円筒度3ミクロンの公差に対応できる

クレーン付きの新工場が完成

設した。クレーンを備えた工場で丸型なら600ミリ、四角型なら800ミリまでの大型の精密加工に対応できる。長井市との地域密着の姿勢も際立つ。同市にある陸上競技場のネーミングライツを獲得。「光洋精機アスリートフィールド長井」と命名し、地元支援を行っている。さらに地元を走る「フラワー長井線」に広告を掲出し企業イメージの浸透を図るとともに、地元の高校生の採用にも積極的に取り組んでいる。

〝人こそ財産〟の考えのもと、社員教育にも力が入る。「現場希望の人でも、内勤業務などすべての業務を経験してもらう。長く働いてもらうためにもじっくり育てていくのが基本」（齋藤社長）とし、経験のない社員でも、その人の価値を高めることにしている。今後も地域密着で、人を磨き技術を磨き、1000分の一ミリへの挑戦を続けていく。

●長寿の秘訣

ニコン製品向けの精密加工を通じて超精密加工分野を開いてきた光洋精機。齋藤社長は、「誠実をモットーに信頼される下請け」を標榜するが、鉄以外の難加工でミクロンオーダーの技術を有する業者はそう多くない。まさに〝大いになる下請け〟だ。毎年1社程度、上場企業との新規取引があるというのも頷ける。手抜きせず、じっくり人を育て、つねに顧客に向き合う土壌が、同社のミクロン技術を育てた。さらに上を目指す同社に、新たな加工領域の可能性が広がる。

山形工場2号館

●会社概要

創　業：1946（昭和21）年11月
設　立：1958（昭和33）年12月
所在地：東京都品川区大井1-24-2 ミヤタビル6階
事業内容：半導体製造装置の超精密部品加工、液晶露光装置の超精密部品加工、光学機器の超精密部品加工、医療機器の精密部品加工
資本金：4,000万円
社員数：84名

URL：http://koyoseiki.co.jp/

生産技術で優位性を発揮する75年連続黒字の化学商社

株式会社ゴードー

代表取締役社長
大川内　誠 氏

大正時代、北海道・旭川に設立された4社合併の酒造会社「合同酒精」。同社の発酵法を活用して製造した溶剤の販売を始めたのが、株式会社ゴードー（旧ゴードー溶剤株式会社）だ。その後、石油化学などの有機溶剤やアルコール製剤をはじめとする化学品を、さまざまな産業分野に供給し、戦後日本の経済成長を支えてきた。国内外の石油化学メーカーから商品を仕入れ販売する商社機能だけでなく、東京、札幌、関西、九州の国内4工場を構え、溶剤の小分けからブレンド、分析、出荷までをカバーする一貫体制が最大の特徴だ。創業以来、黒字経営を続け、独立系化学商社として独自のビジネスを展開する。

◆小分け、配合、検査と国内4拠点の優位性

「安い、高いといった商品価格の時代ではない。無色透明の液体を

経営理念

社員が明るく、楽しく、安心して働ける職場環境でなければ成らない。
取引先が安心して取引が出来る環境でなければ成らない。
人材の育成を確実にしなければ成らない。
社会への貢献を忘れては成らない。

どこから購入しても同じこと。それでも当社から買っていただけるのは、価格以外の顧客メリットがあるから」と語るのは、8代目となる大川内誠社長。まずは小分けとブレンド技術。揮発性の高い溶剤を1Lから18L缶、ドラム缶、コンテナ、ローリー車まで幅広い荷姿で提供できるほか、顧客の要望に応じて、溶剤に水や添加剤などをさまざまに配合するサービスを提供し、さらに分析検査機器を用い、高精度な配合管理を実現している。

履歴も含めて高度に管理されたこれらの製品は、国内4工場から同品質で顧客のもとへ出荷できる。「最近は、物流運賃の高騰や防災、減災といった事業継続計画（BCP）の観点から、一極集中の調達を避ける顧客が増えている。その意味でも国内4拠点を持つ当社の優位性が増している」（大川内社長）と説明する。化学系の専門商社でありながら、顧客ニーズにきめ細かく対応できる社内リソースが、ゴードーのビジネスを高度化させてきた。

◆選ばれる時代が到来

一部商品を除いて自社ブランドを持たな

神田駅からも近い東京本社

東京工場事務棟

いことも大きい。製造を外部委託するファブレス経営が拡大するなかで、黒子に徹して製造全般を一元管理できる同社へのOEM発注が拡大している。「多品種少量、トレサビリティ、BCP。さらにはファブレスと、意図したものではないが、結果的に当社が力を発揮できる時代がやってきた」（大川内社長）。まさに激変するビジネス環境が、同社の価値を高めていると言えよう。

一方で、同社には創業家出身の社長がおらず、いわゆるオーナー系の企業と趣を異にする。大川内社長は「その分、自在に変化できるし、何でもやれる土壌と組織がある。しっかりと次の時代にバトンを継ぐのが私の役割」と明快だ。短・中期的には、現地資本との連携を主体にアジア地域でのビジネス展開を検討しているが、創業100年をにらんだ長期ビジョンについては、「若い世代の社員が創ればいい」と淡々。最近は若い社員が増えており、活気がみなぎるゴードーの着実な成長が続きそうだ。

●長寿の秘訣

75 年続く黒字経営は、同時に強固な財務基盤を物語る。最近の OEM 受注の拡大も、高い与信能力があればこそ。大株主もカリスマもいない。歴代社長が着実に経営をつないできた結果が、強い企業体質をもたらした。いま、新型コロナウイルスでアルコール製剤の製造がフル操業の状況にある。大川内社長は「現場が頑張ってくれている」と社員をねぎらいながら、社内モチベーションの向上に手応えを感じている。新型コロナを乗り越えて、同社は一段と強い会社になることだろう。

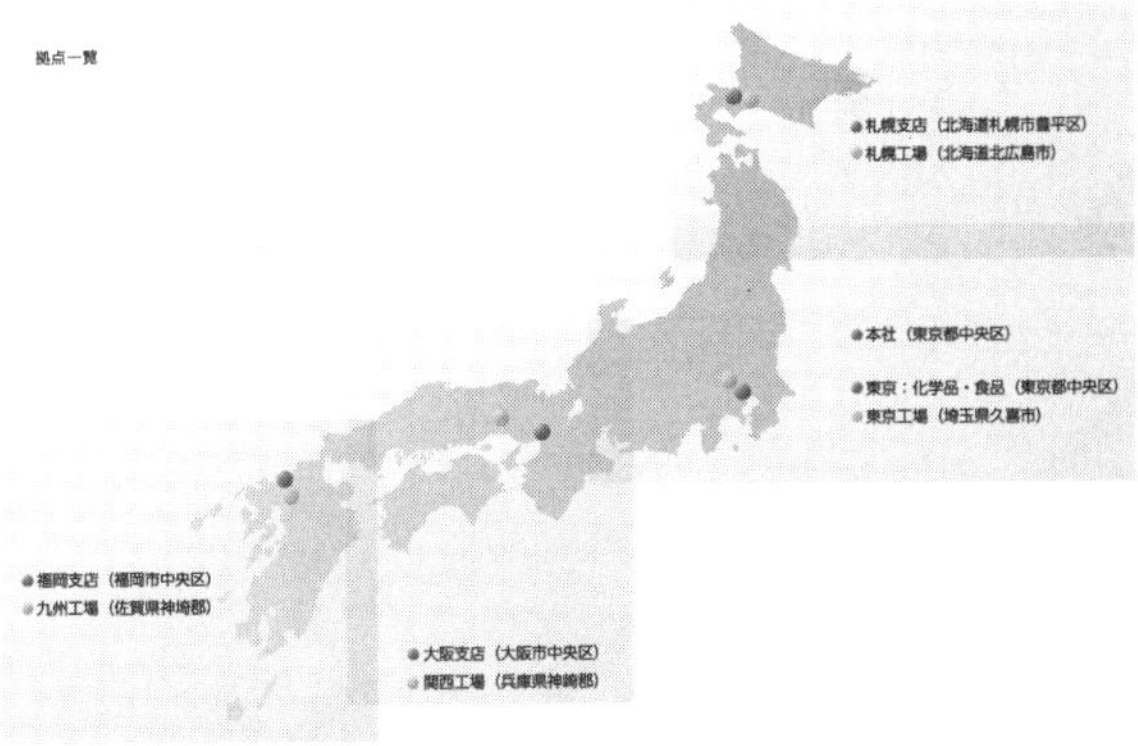

全国を網羅する拠点一覧

●会 社 概 要

創　　業：1943（昭和 18）年 6 月
設　　立：1946（昭和 21）年 2 月
所 在 地：東京都中央区日本橋本石町 4-6-7 日本橋日銀通りビル 6 階
事業内容：石油化学品・有機化学品・無機化学品の製造販売及び輸出入、医薬・試薬・農薬・塗料・顔料の製造販売及び輸出入、食料品・飼料・油脂類・調味料の製造販売及び輸出入、合成樹脂・成形品・副資材の販売
資 本 金：1 億 5,000 万円
社 員 数：200 名（令和 3 年 2 月 1 日現在）

URL：http://www.c-godo.co.jp/

パブリックシーティングの開拓者として「みんなが集い、楽しめる空間づくり」に貢献する

コトブキシーティング株式会社

代表取締役会長
深澤　重幸 氏

企業理念・社是
Always With a Pioneering Spirit (常にパイオニア精神を持って)

コトブキシーティングは1914(大正3)年12月に創業し、現在も成長を続ける100年企業である。創業者の深澤幸也氏は東京帝国大学法学部を卒業後、銀行や貿易商社での勤務を経て同年、前身の「壽商店」を東京・有楽町で開業した。当時は西洋風の生活様式が本格的に普及し始めた大正デモクラシーの時代。深澤氏は国内の西洋化を見越して、敷物や絨毯とルイ王朝風の高級家具をセットにしたトータルコーディネートで商品を販売した。

◆最先端の技術で帝国ホテルや東京帝大に納入

当時の家具商は零細企業と相場が決まっており、高級官僚として将来を約束されていた帝大出身者が手を出すのは異例だった。深澤氏は「耐久性のある家具は金属と木を組み合わせたものでなければならない。ことに公共建築内部の家具はそうであらねばならぬ」との信念から、まだ市場が未成熟だった公共家

具の製造・販売に特化する。

最初の大型受注は23年に開業した帝国ホテル演芸場の椅子。明治時代にも金属と木材を組み合わせた椅子の輸入品はあったが、国産ではこれが最も古い導入事例という。25年に母校の東京帝大から受注した安田大講堂の椅子は背座が木製、脚が鋳物の構造。数々の特許や実用新案を取得し、講堂用連結椅子の最先端を走る製品だった。この連結椅子は高く評価され、全国の著名なホールや講堂に続々と納入される。

同社はさらに教育施設や自治体の議場、スポーツ施設へと販路を広げていく。戦後も国内初のＦＲＰ家具を世に出すなど、最新の素材や技術を積極的に導入し、次々と製品開発に取り組んだ。狭い会場を有効に使える出し入れ可能な電動式移動観覧席やコンパクトでありながら快適な睡眠がとれるカプセルベッド、シネマコンプレックスの普及に対応した大型連結イスと果敢に新しい製品に挑戦し、すべての分野でトップシェアを守っている。

◆設計・製造からメンテナンスまでをカバーし、社会のレガシー支える

１９７０年の大阪万国博覧会では屋外の公共家具を受

1925年東京帝国大学 安田大講堂（現　東京大学 安田講堂）

注し、この分野でも第一人者となる。現在は分社化したコトブキが、ストリートファニチュアや複合遊具、システムサインで新たな市場を開拓し、成功を収めている。公共空間で不特定多数の人々が使用する椅子や、それに関連する家具や備品の設計・製造・販売・施工・メンテナンスを一貫して提供することで成長してきた。公共の建物は社会のレガシー（遺産）となるものも多く、社会インフラとしての役割も果たす。そのため新築時の納入だけではなく、納入後の定期的なメンテナンスや大規模改修、リニューアルにも万全を期し、顧客から高い信頼を得ている。

コトブキシーティングの製品は海外でも広く知られている。87年から北米や欧州、アジアに拠点を置き、英ロイヤルアルバートホールや仏パリ ガルニエ オペラハウスなど歴史と格式あるホールに椅子を納入している。技術提携やM&Aを通じて、現在では140カ国以上へ製品を供給している。「みんなが集い、楽しめる空間づくり」は世界共通の課題であり、市場は大きい。同社はより進化した製品づくりで世界に貢献し続けるだろう。

1996年ロイヤルアルバートホール（英国）

●長寿の秘訣

100年続く理由の一つは価格競争に巻き込まれなかったこと。1990年代のシネコンブームでは安い外国製品に一時シェアを奪われる。ところが輸入した劇場用椅子にトラブルが多発し、数年後にはコトブキシーティングに受注が戻ってきた。製品の機能や品質もさることながら同社のメンテナンス技術が高く評価され、保守契約も大きな収入源に育つ。もう一つは国際化。いくら優れた製品を作っても、国内市場に留まっていては大きな成長は見込めない。外国の低価格品に苦しめられたが、今では現地の高級劇場・ホールでは自国製ではなく同社の椅子を採用しているという。同社社長が常駐しているのは米ニューヨーク。世界企業として、さらなる飛躍が期待できる。

神田駿河台の本社ビル

●会社概要

創　業：1914（大正3）年12月
設　立：2010年7月
所在地：東京都千代田区神田駿河台1-2-1
事業内容：文化・スポーツ・教育施設・議場向け家具の製造・販売、宿泊・仮眠用カプセルベッドの製造・販売ならびにこれらの輸出入
資本金：1億円
社員数：306名

URL：https://www.kotobuki-seating.co.jp/

素材から加工までトータルコーディネートする金属の総合商社

佐藤商事株式会社

代表取締役社長
音羽　正利 氏

金属の総合商社でありながら、単に素材の注文をお願いするのではなく、顧客の設計図面をもらう光景が、ここ数年の佐藤商事株式会社の営業現場で見られる。競争激しい市場環境のなか、2016年度に1800億円弱だった佐藤商事の連結売上高は、2017年度から3期連続で2000億円台を達成した。しかし単なる仕入れ販売では生き残れない。これからの商社の役割とは何なのか。さらなる成長を考え導いた答えの一つが、素材や加工品だけでなく、ユーザーの製品も販売し、取引先の困り事にも対応していく「トータルコーディネート商社」だ。

◆匠チームを結成

1930（昭和5）年、東京・茅場町で佐藤ハガネ商店として創業、戦後の1949年に現在の佐藤商事株式会社を設立し、9大鉄鋼商社の一角を占める

経営理念

「流通サービスを通じて広く社会に貢献する」

東証一部上場の老舗企業だ。「（仕入先である）鉄鋼メーカー様との強固な関係を維持しながら、（主要納入先の）完成車メーカー様や建機、農機メーカー様をはじめとするユーザーのお役に立っていくのが基本」（音羽正利社長）という。

とはいえ鉄を取り巻く環境は激変している。なかでも世界の自動車メーカーはＥＶ化の動きを強めており、内燃機関の電動シフトは、そのまま鉄需要の減少に直結すると見られる。トータルコーディネート商社戦略は、そうした環境変化への対抗策で、素材を納めるだけでなく、顧客に代わって加工から組立、さらには販売までを佐藤商事が手掛ける取り組みだ。すでに品質管理や受発注の知見を持つ大手メーカーのＯＢを10人以上採用し、平均年齢70歳の加工推進チーム（匠チーム）を設置済み。匠チームを講師役に、加工図面が読み込めるよう社内教育を展開中だ。

◆顧客とパートナーの関係を構築

実際の加工、組立は、数ある得意先の中から最適な企業に発注する流れにし、自社で設備導入することはない。音羽社長は「約5000社に及ぶ顧客は当社の宝。当社の利益というよりも、顧客にとってもプラスになることが前提だ」と強調し、加工領域だけでなく販売まで同

本社が入居する丸の内トラストタワー（東京駅日本橋口）

社が手掛けることによってパートナーの関係を築き、「顧客にとって佐藤商事が必要な存在になる」（同）ことを目指している。

昨年9月、2022年度を最終年度とする第2次中期経営計画を掲げた。建材の拡販を本格化するほか、海外売上比率を20％（現在15％）に伸ばすことなどで2200億円の売上を目指す。音羽社長は「建材部門を強化するため、建築士資格を有する社員を採用した。既存ユーザーの設備案件を積極的に取り込み、さまざまな建築商材を売り込む。海外は昨年開設した電子基板材料のシンガポール支社で19拠点となったが、今後は現地企業と組むことで主力商材の拡販に注力する」と力強い。

2018年に移設竣工した神奈川コイルセンター

一方で同社は、古くから高級洋食器や厨房器具、貴金属などを手掛けるライフ営業部門を持つほか、電子事業部門、機械部門、地球環境に配慮した商品を開発する営業開発部門など、金属の総合商社の枠に収まらない柔軟な事業展開が一つの持ち味。さらに国内41拠点を構え、圧倒的な販売網を構築していても、「残る空白地帯も埋めていく」という佐藤商事。創業100年に向けて、しなやかに成長するトータルコーディネート商社の姿が見られそうだ。

●長寿の秘訣

同社のイメージキャラクターである「マーシャン」。生まれたての赤ちゃんをモチーフに、何と昭和 21 年に発案されたものだという。終戦直後の混乱期に産声をあげたことにも驚くが、見る人によっていかようにも見える姿かたちは、まさに佐藤商事の生き方、来し方を映し出す。おもての顔はあくまで金属の総合商社。しかし、ときには多様な価値を提供してくれるパートナー。それが老舗商社の強みだろう。5000 社の顧客を持つ佐藤商事には、5000 通りの顔がある。

マーシャンマークと当社ロゴマーク

●会社概要

創　立：1930（昭和 5）年 2 月
設　立：1949（昭和 24）年 2 月
所在地：東京都千代田区丸の内 1-8-1　丸の内トラストタワー N 館 16 階
事業内容：鉄鋼・非鉄金属、電子材料、機械、工具、雑貨、貴金属宝飾品、建設資材、環境関連商材などの国内販売及び輸出入
資本金：13 億 2,136 万 8,450 円（東証 1 部上場）
社員数： 連結 992 名

URL：https://www.satoshoji.co.jp

旗・幟（のぼり）の布メディアで進化を続ける100年企業

サプティー株式会社

東京・銀座中央通りの街灯フラッグ。通りの両サイドに一列に掲げられた何十枚ものクリスマス用バナーフラッグが、12月25日の夜中を境に一斉に日の丸国旗に入れ替わる。新年を迎える銀座が見せる毎年恒例の風物詩だ。この銀座の街灯フラッグを数十年間にわたり手掛けているのが、旗や幟（のぼり）、横幕、懸垂幕など、大小さまざまな布製メディアで時代を切り拓いてきたサプティー株式会社だ。

◆東京五輪が飛躍の転換点

創業109年。友禅染め職人であった初代齊藤甚四郎が、のれんや国旗、優勝旗など宣伝物の染色事業を始めたのが発祥。上皇上皇后両陛下のご成婚当時には、美智子様が使用す

代表取締役社長
齊藤　壽一郎 氏

経営理念／社是

〈経営理念〉
1. 誠実な企業活動を通じて、社会から信頼される企業を目指す
2. グローバルな事業展開の中で常に革新を行い、顧客に魅力ある価値を提供できる価値創造企業を目指す
3. 世界で通用する会社を目指す

〈社是〉
Think ＝考える

る油箪を手染めで製作した。そして迎えた1964年の東京五輪では、サプティーが、五輪で使用する旗染めの9割程度を担当することになった。4代目の齊藤壽一郎社長は「前回の東京五輪が当社飛躍の大きな転換点になった」と説明する。

以降、高度経済成長の波に乗り、サプティーは旗や幟を中心とした商業広告物の製作供給で業容拡大したが、見逃せないのが数々の先進技術を確立してきたことである。例えば、1971（昭和46）年に業界で初めて開発、導入した多色刷りを可能にする全自動大型捺染機が挙げられる。顔料を捺染印刷する機械で、当時アパレルメーカーに同種のマシンはあったが、幟などの大型サイズのデザインへの転用は難しく、かつ多くの色を個別に制御することはできなかった。サプティーは機械メーカーと手探りで試行錯誤を重ねた末、大型の印刷版を使用したシルクスクリーン印刷機の開発にこぎつけた。

「あくまで顧客の高度な要求に応えるのが目的。変化を厭わず、新たなことに挑戦していく姿勢が当社の基本姿勢」（齊藤社長）と話し、サプティーは、他社に先駆けたポリエステル生地への印刷や、業界初となるカラー分解による写真印刷などの実現に加え、上海工場設立などの海外進出へも挑戦してきた。齊藤社長は「時代の変化を見極めながら、全社

東京・銀座中央通りの街灯バナーを日の丸国旗に

的な進化を目指して挑戦を続けることが大事」と強調する。アナログな布メディアを扱いながら、数々の挑戦を繰り返してきたことが、新たな顧客を呼び込み、新たな事業機会を創出し、サプティーのビジネス領域を拡大してきたと言えよう。

◆スポーツ応援や街の彩りに貢献

いま、サプティーは、次の100年を見据えている。旗や幟、垂れ幕等を屋内、屋外で用いた多様な総合プロモーションを提案できる対応力を備える一方、特に力を入れているのがスポーツ文化の活性化への貢献だ。「元来、当社の事業はスポーツ文化との親和性が非常に高い」（齊藤大樹常務）とし、プロアマを問わずさまざまなスポーツや競技と接点を持ちながら、試合会場を装飾する大型幕や応援旗などを手掛けている。さらに街自体をさまざまなフラッグ、バナーや幕、あるいはデジタルサイネージなどで装飾しながら調和の取れた景観に仕上げるシティー・ドレッシングと呼ばれる動きへの関わりも増えており、「今後は宣伝用広告物ばかりではなく、パブリックな領域での貢献を視野に、これまで培ってきた経験を役立てていきたい」（齊藤社長）と語る。明治45年の創業から、大正、昭和、平成を歩んできたサプティーは、令和の時代にふさわしい進化を遂げることになるだろう。

卓球の試合会場を装飾

●長寿の秘訣

齊藤社長が好んで掲げる「不易流行」を実践してきた老舗企業。誠実、謙虚の本質を変えることなく、変化を重ねて進化する。旗・幟・幕という古くからある布サインの文化を、時代のニーズに合わせて発展させてきた。そこにあるのは不変的な伝統技術に固執するのではなく、科学を貪欲に採り入れ自らを変化させていく挑戦者の姿だ。良いモノや優れた技術だけでは通用しなくなったいま、布メディアの新たな価値創出に向けて挑戦し始めたサプティー。これからも業界の先駆者としてのポジションは変わらない。

創業 100 周年記念史『不易流行』

1964 年東京五輪で使用する装飾幕の製作風景

●会社概要

創　　業：1912（明治 45）年
設　　立：1950（昭和 25）年
所 在 地：東京都中央区日本橋堀留町 2-3-8 田源ビル 7F
事業内容：旗・幕・バナー・のれん・工芸品などの制作および各種イベントの演出に向けた、企画提案、装飾、施工、制作物の提供等
資 本 金：1 億円
社 員 数：50 名

URL：https://www.sapti.com/

優れた技術で社会の進歩に貢献する先端化学企業

JNC株式会社

代表取締役社長
山田　敬三 氏

1906（明治39）年に設立された曾木電気株式会社を発祥に、国内化学産業界のパイオニアとして長い歴史を刻むチッソ株式会社。1923（大正12）年に、世界で初めて窒素から合成アンモニアを製造することに成功し、ここから作り出された化学肥料は、輸入依存であった国内産業に大きなインパクトをもたらした。1941（昭和16）年には、国内で初めて塩化ビニルを国産化し、戦後も高度経済成長とともに多様な合成技術で数多くの新商品・新材料を生み出し続けたチッソ。そんな同社の事業とDNAを引き継ぎ、設立されたのが、100％子会社のJNCである。

◆再生可能エネルギーに貢献する水力発電所リニューアル

液晶や有機ELなどディスプレイの基幹素材や有機シリコン製品に代表される機能材料、機能性肥料や複合繊維・フィルター材料などの加工品、有機合成

コーポレートメッセージ

よろこびを化学する

原料や特殊樹脂などの化学品を柱に、多彩な材料ビジネスを展開しているＪＮＣ。そのなかで異彩を放っているのが、同社の起源でもある水力発電事業だ。

もともとは化学工場の動力源として、創業者の野口遵氏が水力発電に着目し建設を始め、現在では熊本県を中心に13カ所の水力発電所を有している。２０１３年から全水力発電所のリニューアルに着手、再生可能エネルギーとして社会還元する事業に乗り出した。山田敬三社長は、「安定収益になるだけでなく、再エネで社会に貢献していく意味でも投資の価値がある」と語り、フィールドを異にしても、社会に貢献する創業の精神を貫いていく考えだ。

◆若い力に任せる企業風土

スマートフォンに採用されている青色有機ＥＬ材料、世界で初めて商業生産した熱接着性複合繊維、ワクチン精製用クロマト剤。ＪＮＣが次々に新材料を開発し続けてこられた理由は何なのか。山田社長は、「一つには若い人に任せる社風があること。新材料開

チッソ株式会社の事業とDNAを受け継いでいる。写真は水俣製造所のプラント

発の多くは、若い人の力によるものだ。なかなか結果が出なくても、上司がしぶとく続けさせるケースもある」と解説する。現在グループ社員3000人強のうち、1割以上が研究開発に携わる。中長期の視点でチャレンジできる新たな課題を提供し、若手の育成につなげる伝統があるわけだ。一方では、「お客様や関係する人々が育ててくれた側面も見逃せない」(同)とし、顧客と一緒に課題に取り組み、何度も失敗を重ねながら成長してきた歴史を強調する。

2000年以降、日本の産業競争力の低下が叫ばれるなか、「日本に強みがあるのが材料技術。海外に負けないよう、化学の優位性を死守していく」という山田社長。今後はSDGs(持続可能な開発目標)が掲げる環境~社会~経済の秩序ある繋がりを踏まえ、ライフサイエンスと機能材料を融合した医薬・バイオ系の事業を強化し、社会に必要とされる新機能を付加した材料開発に挑む方針だ。

スマートフォンに採用されている青色有機EL材料

●長寿の秘訣

国を支える化学工場を稼働させるため、まず水力発電所を準備した創業者の野口遵氏。壮大な構想力と緻密な情報分析力、そして果断な行動力が同社パイオニア精神の源泉だ。これまでの数々の新材料開発も、社会ニーズを先取りした価値提供の研究開発があればこそ。世界的な課題である気候変動への対応や、これから急速に変化していくであろう社会構造を、どう読み解き、どう立ち向かうのか。創業100年超のJNCにふさわしい、新たなパイオニア精神が発揮されることだろう。

もともとは化学工場の動力源として、創業者の野口遵氏が整備した水力発電所。現在では熊本県を中心に13カ所の水力発電所を有している。現在、全水力発電所のリニューアルに着手し、再生可能エネルギーとして社会還元する事業に乗り出している

●会社概要

創　　業：1906（明治 39）年 1 月 12 日
設　　立：2011 年 1 月 12 日
所 在 地：東京都千代田区大手町 2-2-1　新大手町ビル
事業内容：機能材料、化学品、繊維、肥料の製造販売
資 本 金：311 億 5,000 万円
社 員 数：3,274 名（連結）

URL：https://www.jnc-corp.co.jp/

住宅建材卸売大手のジャパン建材を中核にグループ63社束ねる

JKホールディングス株式会社

代表取締役社長
青木　慶一郎 氏

木材業者が立ち並ぶ東京・新木場。そこに、ひと際目立つ18階建ての本社ビル「新木場タワー」を構えるのがJKホールディングス（JKHD）だ。同タワー内の「木材・合板博物館」を開設時から支援しているように、特に合板事業は創成期から取り組み、木の温もりのある生活を提供してきた。現在は住宅建材卸売大手のジャパン建材を中核に、グループ63社を束ね、売上高は3，500億円を突破している。目指すは5，000億円企業だ。

企業理念／宣誓文／行動指針

〈企業理念〉
快適で豊かな住環境の創造

〈宣誓文〉
私達 JK グループ社員は
一．すべての人々の幸せのために　快適な住まいと豊かな暮らしの実現に挑戦します
一．すべてのパートナー様と共に成長発展するために　常に感謝の気持ちを忘れず信頼関係を大切にします
一．共に働く仲間のために　互いに学び夢を語り 笑顔あふれる明日（あす）を目指します

〈行動指針〉
「住」道 ―JAPAN WAY―
Jump（研鑽）Appreciation（感謝）Passion（情熱）Action（先陣）Never give up（覚悟）

◆M&Aで事業領域拡大。2022年に創業85周年

1937（昭和12）年に個人商店「丸吉商店」を創業。2022年に創業85周年を迎える。青木慶一郎社長は「1998年に丸吉と興国ハウジングが合併し、ジャパン建材になったことが大きい」と振り返る。当時の住宅建材卸売大手のうちの2社が合併したことで、頭一つ抜けた存在となった。牛を表したシンボルマークはその時につくったもので、「業界を引っ張る意味で、株式のブル（強気）相場から取った」（青木社長）。2006年に純粋持ち株会社へ移行した。

2020年だけで5社を買収したように、積極的なM&Aによって事業領域拡大を図ってきたのも特徴だ。グループ会社は月に1度、全社長が集まって月例報告を行う。また、半期に1度は経営計画発表会を開く。「企業は人なり」との考えから社員研修に力を注いでおり、合板の座学・販売研修、インドネシアやマレーシアの現地法人・事務所訪問などを行っている。採用活動はJKHDとジャパン建材が共同で行い、その他のグループ会社は個別に行っている。

現在の売上構成は総合建材卸売85%、合板製造・木材加工3・3%、総合建材小売11%、その他1%弱。青木社長は「とくに合板製造・木材加工と建材小売は伸びしろがあり、構成比を高める」と意気込んでいる。

JKホールディングス株式会社のSDGｓ取組みイメージ「地球と暮らしを考える。」

◆非住宅分野拡大、施工込みの請負、工務店支援など成長戦略次々に

ＪＫＨＤグループは建材メーカー各社と、建材店・材木店・工務店・ビルダー・ハウスメーカーとの間で、商社・問屋の役割を果たしている。商社・問屋業は需要側・供給側双方の要望をもとに事業領域を拡大できる可能性を秘めている。青木社長は「職人が減っており、モノだけを販売するのではなく施工込みで請け負う。付加価値の高い商品を開発し、商材も増やす。工務店の黒子としての役割を果たしていく」と強気の姿勢を貫いている。

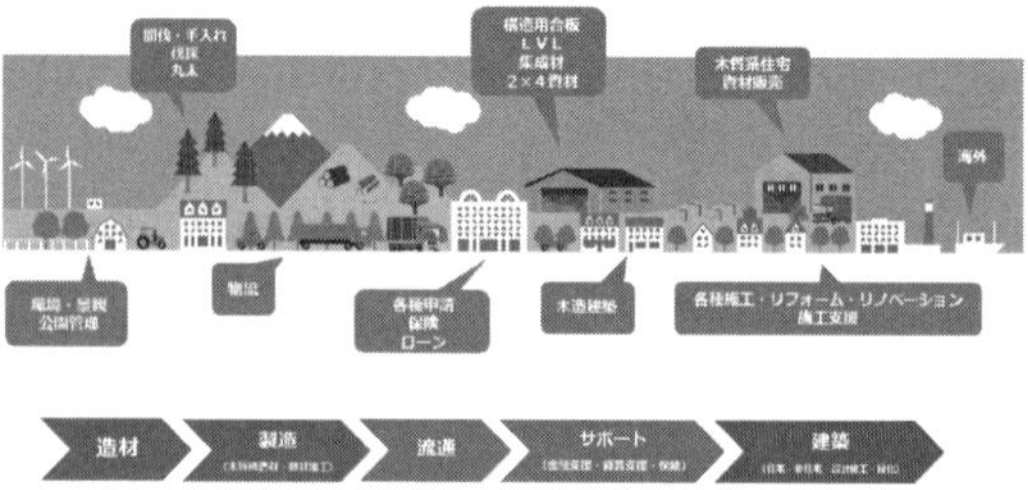

「快適で豊かな住環境の創造」という企業理念のもと、住まいにかかわる事業全般を展開

非住宅分野を拡大し、山林から施工まで一気通貫でいく。

実際、中核子会社のジャパン建材は材工一式の受注販売で全国施工ネットワークを構築した。また、ＩｏＴ（モノのインターネット）を絡めた電材品からの最新住宅設備を推進している。

２０１７年には合板・木材製品のエコブランド「Ｊ-ＧＲＥＥＮ」事業を始めた。合法性及び持続可能性等に配慮した製品、環境に優しい製品を選定し、国内外での普及に向けて取り組んでいる。

このほか、工務店を応援する「快適住実の家」の会員数は２９４１社に上っている。木質素材製造子会社のティンバラムは設計・製造・プレカット・施工まで一気通貫の請負体制を構築し、非住宅の難易度の高い材料の供給を実現した。

●長寿の秘訣

青木社長は５代目社長で、2014 年４月に吉田隆現会長からバトンを受けた。長寿の秘訣については「常に挑戦することと、フランクな社風」という。また「我々が扱う木材は CO_2（二酸化炭素）削減や、治山治水など国土を守る意味で社会貢献に直結する」ことから、公的意識の高さが長寿につながっているのだろう。大規模な植林を行う一方、国産材使用比率を高めており、林業振興、温室効果ガス削減の観点からも注目される企業だ。

JK ホールディングス株式会社本社　新木場タワー

●会 社 概 要

創　　業：1937（昭和 12）年 10 月
設　　立：1949（昭和 24）年 2 月 15 日
所 在 地：東京都江東区新木場 1-7-22
事業内容：総合建材卸売、合板製造・木材加工、フランチャイズ、総合建材小売、建設工事、その他関連事業
資 本 金：31 億 9,500 万円（東証 1 部上場）
社 員 数：連結 3,198 名（2020 年 9 月 30 日現在）

URL：https://www.jkhd.co.jp/

人と社会を守る安全靴の専門メーカー

株式会社シモン

重量物を搬送する建設現場や、水や油が飛び散る工場など、モノづくりの現場には危険が多い。床が滑って転倒したり、荷物が崩れて足を怪我したり、ちょっとした油断で事故につながりかねない。そうした場所で作業する人々の足元を守るのが安全靴だ。安全靴の専門メーカーとして知られるシモンは、長期にわたり優れた安全性に加え、作業者が疲れにくく快適に仕事ができる製品を世に送り出し、人と社会の安全を守り続けている。

◆〝愛〟のある安全靴をつくりたい

1948年設立の同社。聖書に登場する〝皮なめし

代表取締役社長
利岡　和範 氏

社訓／経営理念

〈社訓〉
敬神　　愛人　　修身
〈経営理念〉
創立の基本理念である“愛の精神”の真理を守り　社業を通じて　国家社会に貢献　奉仕する
1. 社会に愛され信頼される企業として“愛”ある奉仕に徹する
1. 創意工夫　研究開発に努め“愛”ある製品を広く社会に提供する
1. 仕事を愛し　己を愛し　明るい働きがいのある職場を作り　自己の研鑽に勉める

シモン〟が社名の由来だ。当初は革や毛皮のなめしを行っていた。だが、日本の経済成長と共に、工場で働く作業者が増えたことを受けて、1958年、「シモンシュー」を開発。シモン安全靴の走りとなった。

「当社は聖書の〝愛の精神〟を理念として受け継いでいる。愛のある製品で社会に貢献したい」と利岡和範社長は明かす。実際、戦後多くの工場では、鉄板で足を覆った鉄下駄などが安全対策として用いられており、重くて硬く、履き心地も悪かった。そこで同社では、「安全性の確保はもちろんのこと、長い時間履いても作業者が疲れない、そんな軽くて丈夫で履き心地も良い安全靴をつくりたいと考えた」(利岡社長)。こうしてシモンの挑戦が始まった。

◆安全性と快適性の両立を追求

しかし、頑丈さと快適さを両立する安全靴の開発は困難の連続だった。本来、安全靴とは、つま先を鉄板などの先芯によって保護し、丈夫で分厚いゴム底などを備える靴のことだ。必然的に頑丈さを優先すれば衝撃に耐える重くて硬い素材が必要になり、快適性を追求すれば軽くて柔らかな素材を用いなくてはならない。同社ではこの相反する課題を、靴底を軽量なウレタン底とその重層化で解決した。

業界をリードするシモンの主力拠点である柳津工場。同社の競争力の源だ。

履いた人から履きつづける「SX3層底Fソール」

1986年に発売された7500シリーズは、2層構造の靴底が特長の安全靴だ。硬くて耐久性に優れた低発泡のウレタンが1層目として足を保護し、2層目の柔らかい高発泡のウレタンがクッションとなり快適な歩きやすさを生み出す。「従来の一般的な安全靴にない新しい構造だった」と利岡社長は語る。このシリーズは製造業の現場に幅広く普及し、同社の主力商品として今でもロングセラーを続けている。

さらに、1993年に開発されたシモンライト（SL）シリーズでは3層構造の靴底を採用し、同社の安全靴は更なる進化を遂げた。このシリーズでは頑丈なゴム層と柔らかなウレタン層に加え、グリップ力が強く耐摩耗性を備えた独自のラバーを中間層として挿入。この中間層が「独立懸架で1層目のゴム層と噛み合って高度なサスペンション力を生み、地面を強力にグリップする。そのため、水や油でぬれた床面でも優れた耐滑性を発揮し、しっかりと接地して転倒を防止する」（利岡社長）。その上、衝撃を分散する優れたクッション性で長時間の作業でも疲れにくい。ハイレベルな安全性と快適性を兼ね備えた安全靴だ。安全靴としては珍しく、同社の製品はグッドデザイン賞やロングライフデザイン賞などを数多く受賞。自動車・鉄鋼・造船・物流などの業界のほか、警察・消防・自衛隊でも広く活用され、人々の安全を守っている。

●長寿の秘訣

履き心地よりも安全性を優先する安全靴にとって、安全性と快適性を両立することは相反する課題だ。しかし、人や社会に対する“愛の精神”を経営理念として掲げるシモンでは、人と社会に貢献する製品をつくりたいという純粋な気持ちを持ち続け、トライ&エラーを繰り返して困難を克服。多層構造の靴底や軽量化など数々の工夫を凝らして安全靴の課題を解決に導いた。単なる安全靴のメーカーではなく、「人と社会を守る」という愛の精神からくる使命感が同社の強みと言える。

日本橋茅場町の本社ビル

●会社概要

設　立：1948（昭和 23）年 7 月
所在地：東京都中央区日本橋茅場町 3-3-1
事業内容：安全靴・官需靴・ワークグローブ・労働安全衛生保護具・防災用品・環境対策用品等の製造販売及び輸出入
資本金：4 億 9,000 万円
社員数：165 名（グループ合計 613 名）

URL：https://www.simon.co.jp/

変化を先取りして事業革新を繰り返すプレス部品メーカー

株式会社昭芝製作所

代表取締役社長
三原　寛人 氏

株式会社昭芝製作所の三原佑介社長（現会長）は考えた。このままプレス部品の会社としてやっていけるのか。今は仕事があるが、将来はどうなるのか。答えが出ないまま過ぎたある日、プレスした自動車部品に溶接を加えてほしいというオーダーが、突如舞い込んだ。「これだ！」。こう直感した佑介氏は、ほどなくして「プレス依存からの脱却」を宣言する。バブル真っ盛り、自動車部品プレスの受注が拡大していた1985（昭和60）年のことである。

◆量産型から開発型ビジネスへシフト

佑介氏の父、創業者の三原信夫氏が会社を立ち上げたのが1952（昭和27）年。自動車部品を中心にプレス加工一筋で業容を拡大してきたが、「時代に対応しているのでは遅い。時代の先を行くことが大事」と考え、プレスの後工程となる溶接、塗装、組立と、自社で扱える領域を広げる高付加価値戦略を

社　是

高品質な自動車部品の製造をとおして人の安全と地球環境に貢献

断行。早くから3次元CADを導入するなど、売上高の6%にも及ぶ積極投資を続けた。数年後には自動化ラインを構築する一方、94年から中国、メキシコと海外現地生産を本格化し、リーマン・ショックで市場が低迷すると、今度は「量産ビジネスから開発ビジネスへのシフト」を進めて、設計開発などのソフト収益による成長戦略に舵を切り、業容を拡大させてきた。

現在の主力は、プレス、金型、溶接の得意技術をベースにしたシートフレームやエアバッグケースをはじめとする自動車部品。なかでもインフレーターと布を収納するエアバッグケースは、運転席、助手席から後席、サイド、歩行者用まで1台あたりの採用部位が拡大、同社成長の原動力になっている。さらに国内だけでなくフィリピン、中国、メキシコと早期にグローバルな供給体制を整えたことで、同じ品質の製品を世界同時に供給できるサプライヤーとして認められ、現地取引を着実に増やし、現在の同社の海外売上比率は45%に達している。

◆10年先の先進のモノづくり実現へ

3代目となる三原寛人現社長は、「いずれも命にかかわる部品なので、求められる品質基準は厳しい。不良品を絶対に

テクニカルセンターでは3次元CAD/CAMを活用した金型設計・治具設計ならびに自社技術を開発

“ものづくり”の創出は快適な環境から。日経ニューオフィス奨励賞を受賞したテクニカルセンター・デザインルーム

出さないゼロディフェクト品質の追求が欠かせない」と強調、品質管理能力を一段と高めるため、数年前からデジタル技術を用いた生産革新活動を進めている。早くからICT技術を積極的に導入してきたことが奏功し、社内にはロボットや自動化装置などを組み合わせたシステムインテグレーター機能があり、「例えば、画像認識装置など市販のカメラを用意するだけで自社の製造ラインにマッチしたシステムを組み立てることができる」(寛人社長)。いわゆるスマートファクトリーに代表される先進のモノづくり現場を内製化できるのが同社の強みでもある。

「すでに受発注から製造、検査、出荷に至る生産管理全般の自動化は85%レベルに達している。これからも10年先を見据えた先進的な取り組みを実行し、完全自動化の次世代工場を目指す」という寛人社長。不良ゼロの実現に向けて、デジタルトランスフォーメーション(DX)を推進し、受発注から製造、検査、出荷に至る生産管理全般の自動化に取り組む方針だ。

●長寿の秘訣

プレスを数打てば儲かったバブル期。そんな安穏な日常と決別し、事業転換を決断したことが、世界的なエアバッグケースメーカーという現在の揺るぎないポジションにつながった。大局から情勢を見極める分析力と決断力、さらにいち早く海外進出に踏み切った行動力が光る。IoT をはじめとするデジタル化で、モノづくりが大きな転換点に差し掛かっている今、DX を先取りした同社独自の生産革新を展開中。変化を先取りする新たな挑戦が始まっている。

内製率 100%を誇るロボット技術により品質保持、生産性の向上に結び付けている

●会社概要

設　立：1952（昭和 27）年 1 月
所在地：東京都練馬区小竹町 1-63-6　ロジェ・ヌワール 2 階
事業内容：自動車部品、建設車両部品、その他金属プレス／合成樹脂加工、金型設計製造
資本金：8,000 万円
売上高：30 億円・グループ合計 58 億円
社員数：115 名・グループ合計 456 名（2021 年 3 月末現在）

URL：https://www.shoshiba.co.jp/

バイオミミクリーを用いて金型彫刻に新風を起こす

株式会社昭和テック

代表取締役社長
藤原　法仁 氏

昭和テックは、精巧な工業彫刻をゴム金型に施す高い技術を持つ企業だ。郵便局の消印や賞味期限を示す日付印など、小さな文字や数字を捺せるゴム印のほか、カメラのズームラバーやアイキャップなど、精密なゴム製品を生み出す多種多様なゴム金型の設計・製作を請け負う。金型へのその高度な彫刻技術は、明治期に彫刻業として創業した同社が約100年の歴史で培った職人技の賜物といえる。

◆職人たちの彫刻技術を磨き続けて

「私の曾祖父で、教師をしていた初代が学校で使われていた外国製彫刻機の潜在力を見抜き、彫刻業を始めたのが創業のきっかけ」と、四代目である藤原法仁社長は明かす。当初は仏具や記章、ボタンなど金属製品の彫刻を機械で行っており、手彫りに比べて量産できるため経営は

企業理念

- 金型というツールを通し、製造業ニッポンの社会に貢献します
- 新しい技術を積極的に取り入れ、お客様のために提供します

徐々に軌道に乗った。その後、代を重ね、昭和中期には、周辺にゴム製品の製造業が多いことから流れが変わり、三代目の時からゴム金型の彫刻加工も手掛けるようになった。これが今では同社の売上の主力である。だが機械を使った加工とはいえ、金型への彫刻には職人の技術が必要となる。「今日のように彫刻用の市販工具は殆ど無く、刃物は自前で調達し日々ノウハウを蓄積した。また高速回転のスピンドルを付けたNC工作機械も無かったため、独自に機械を改造し刃物が折れない工夫をした。こうして長年の勘や経験の蓄積によって、精度の高い製品を生み出して行った。」（藤原氏）。そのため同社では職人一人ひとりの技術向上に力を入れている。現在社員のうち、4名が国家検定試験である一級技能士の資格を取得。他社では難しい製品内側への彫刻や、曲面への彫刻、極小の加工など、精密で難易度の高い工業彫刻を可能にする技を、職人の多くが身に着けている。

◆自然界の生物の能力を真似る新技術を開発

そして今、同社は従来の金型彫刻の概念さえも超え始めた。〝バイオミミクリー〟という言葉がある。自然界の生物が備える機能を

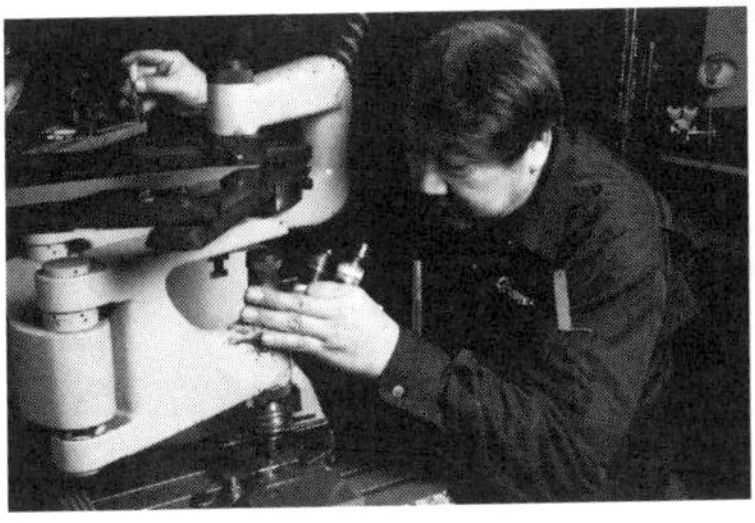

作業風景

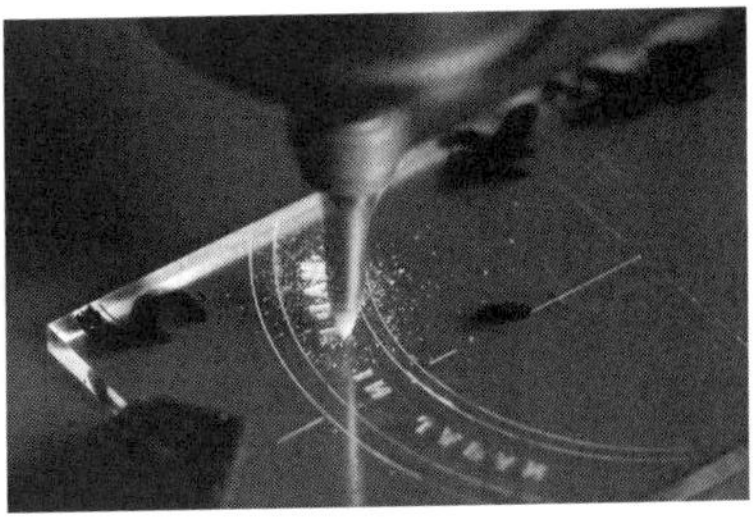

彫刻機

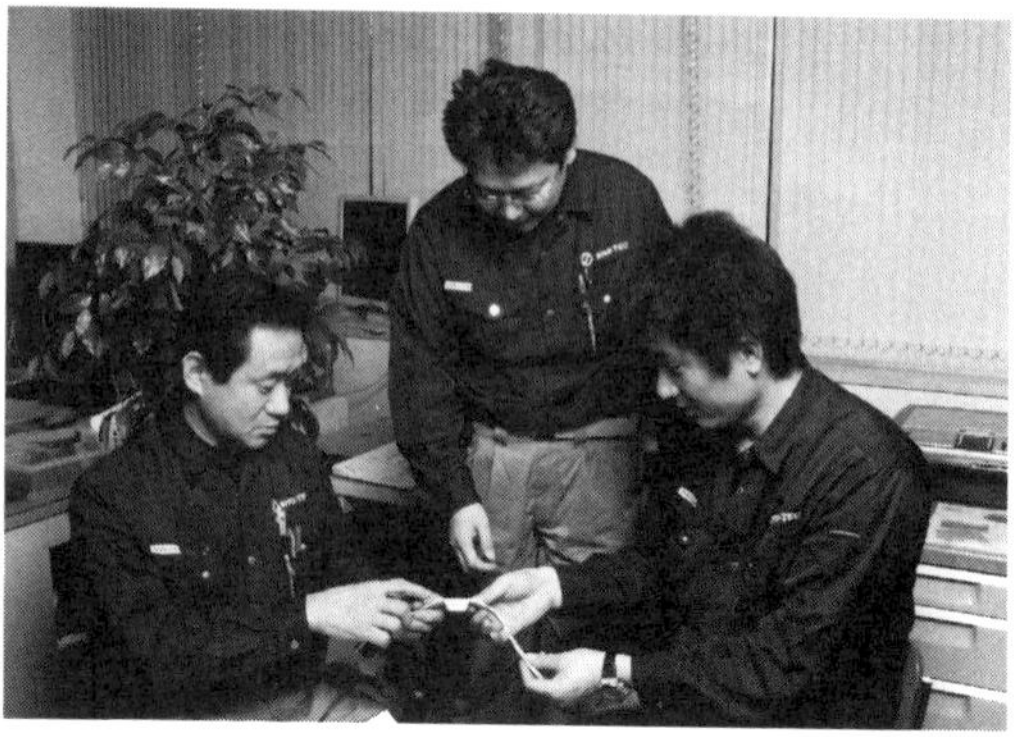

技術を打合せする従業員

模倣し、新しい製品や技術を生み出すことだ。「私たちはバイオミミクリーを用い、特殊な性能をゴム製品に付与できる金型表面処理技術を開発した」と藤原社長は語る。

『ミミクロコート』と命名されたこの新技術は、汎用性が高い。例えば、サメ皮の表面にある凹凸を金型処理で再現。すると、水や空気の抵抗が少なく、滑りにくい特徴を備えた新たなゴム製品が誕生する。カメラ機器などのグリップに使えば、サメ皮のザラザラ感が持つ手を安定させる。飛行機の機体に応用すれば空気抵抗を抑え、燃費の向上も可能だ。同社では法政大学デザイン工学部との共同研究を通じ、実際のサメ皮サンプルを3Dスキャンし解析、サメ皮の複雑な凹凸模様をゴム金型に施す表面処理技術を完成させた。「従来のデジタルシボやブラスト加工では不可能だったエッジの立った深溝による独特な成型により、サメ皮そのものを再現できた」と藤原社長。サメ皮のほかにも、タコの足を模倣した強力なゴム吸盤や、ヒトデの裏側の棘形状を応用したOAストッパーなど、ゴム製品に新たな可能性をもたらしている。「自然界の生物には様々な特徴があり、可能性は無限大。それらを取り入れた金型で社会にもっと貢献したい」という藤原社長の夢は果てしない。

●長寿の秘訣

2005年に経営を引き継ぎ、四代目となった藤原法仁社長。初代から100年続く工業彫刻の技の研鑽を忘れず、職人たちの育成にも熱心だ。その上で「既存の技術に満足せず、金型屋である自分たちがより幅広い分野で社会貢献できる方法をいつも模索してきた」という。この前向きな姿勢がバイオミミクリーという最先端の概念と同社の高度な金型表面処理技術を出会わせ、金型彫刻に新たな展開をもたらしたと言えるだろう。

本社自社ビル

●会社概要

創　業：明治期
設　立：1933（昭和8）年
所在地：東京都葛飾区立石8-15-7
事業内容：ゴム金型設計製作、工業彫刻／業務用印鑑製作、3Dスキャナによるデータ支給サービス
資本金：1,400万円
社員数：22名

URL：http://www.sho-tec.co.jp/

超微細切削加工を得意とする少数精鋭の技術者集団

株式会社信栄テクノ

代表取締役
高橋　健太 氏

半導体や電子機器、通信装置、医療機器のほか、各種研究所での開発・試作など、最先端技術の現場では様々な超微細部品が用いられる。信栄テクノは、そんな超微細部品の切削加工を得意とする技術者集団だ。例えば、Φ0・5ミリのシャープペンシルの芯にドリルで（0・03㎜）の穴を正確にあける技術を有する会社は日本でもほんの数社しかない。加工を施す材質も金属、樹脂、セラミック、ガラスなど多岐にわたる。同社は精密で高度な加工技術の獲得にこだわり、幅広い分野の顧客から支持を得ている。

◆シャーペンの芯に微細穴加工で文字を表現

同社の創業は1953年、当初はタクシーメータや流量計の歯車など、小型の機械部品を旋盤加工で作っていた。だが同業他社も多く、「特徴で差別化したいと考え、得意の微細加工の技術に磨きを掛けるようになった」と三代目の

企業理念

お客様の信用・信頼を得て共に栄え、社会に貢献する

高橋健太社長は語る。中でも得意とするのが超微細な穴明（あなあけ）加工だ。同社では最小径Φ0・01㎜からのドリル加工や、最小幅0・01㎜からのエンドミル加工にも応じられる。〝小径〟や〝深穴〟の加工は難易度が高い。ドリルが折れたり、素材に刃が入らなかったりすることも多い。ところが同社では、厚さ数センチはある金属板やガラスに、髪の毛より細い穴を何本も正確に真っ直ぐ通すことが可能だ。「シャーペンの芯に穴で文字も書ける」と技術サンプルを見せる高橋社長。同社の超微細加工の精巧な技術がうかがえる。

◆室温や品質を管理して、より細く深くを極める

同社では技術者の育成に力を注いでいる。同社には超高精度高速微細加工機が何台もあるが、「最初の1年間は汎用の小型旋盤で技術の基礎を学んでもらう」と明かす高橋社長。一般的な中小企業ではすぐに機械の扱いに慣れてもらうため、最初からMCでの経験を積むことが多い。だが「汎用機で工具の扱いや材料の特性を覚えることで、微細

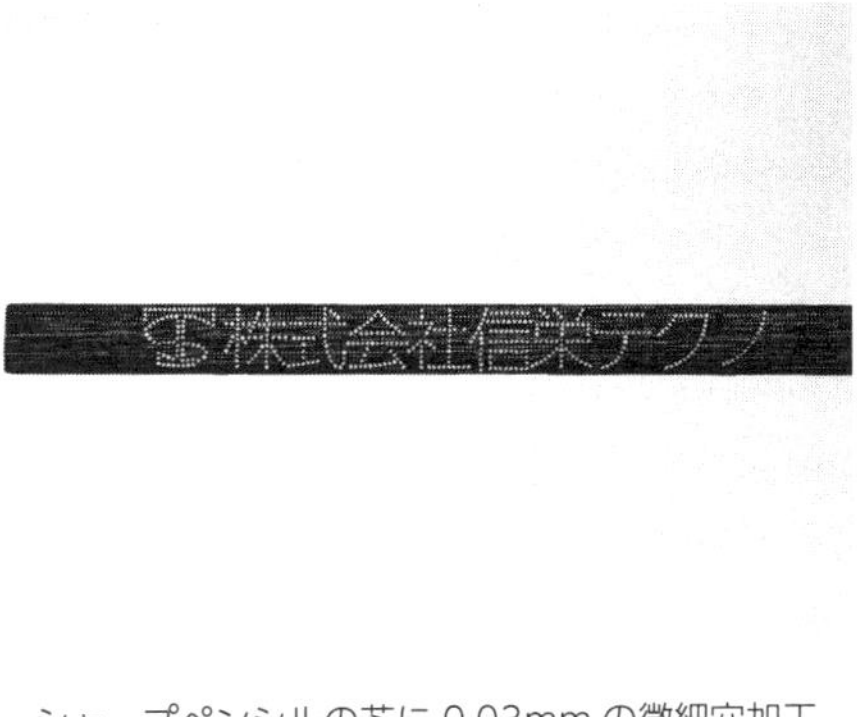

シャープペンシルの芯に 0.03mm の微細穴加工

ミーティング風景

ガラスに深穴加工（φ0.1mm 深さ 10mm）

加工機でも高難易度の加工に対処できるようになる」（高橋社長）という。実際、同社の技術者たちは、チタンやアルミ、ガラスなど、加工がしにくい難削材であっても、極細ドリルを巧みに操作して、曲面に穴をあけたり、真っ直ぐに深穴を通したり、難しい加工を容易にやり遂げる。

また同社では加工機のみならず、デジタルマイクロスコープや電子顕微鏡、超精密測定顕微鏡などを設備し、品質検査にも注力。加工精度の維持に気を遣っている。その上、材質のごくわずかな変化を抑えるため、室温を常に23度±1度に保つなど、より精密で高度な加工技術の獲得にこだわっている。こうした努力もあり、2018年にものづくりの街である大田区からは、人やまちに優しく経営・技術に優れた工場に与えられる「優工場」（総合部門賞）に認定。2019年には東京都産業労働局から「東京都中小企業技能人材育成大賞知事賞」（奨励賞）。同年、東京商工会議所からも「勇気ある経営大賞」（奨励賞）をダブル受賞。技術向上への取り組みが評価され、同社はさらなるレベルアップを目指している。

●長寿の秘訣

「会社の規模ではなく質を高める」と語る高橋健太社長。そのためには一人ひとりの技術レベル向上が大切だという。一人だけできても多くの技術者がレベルアップできなければ技術の伝承は不可能となる。「微細加工分野においてこれからも限界への挑戦と追及を忘れず一人一人の技術を磨いていきます。」と言う高橋社長。同社の技術が最先端の研究開発の進化を支えている。

本社工場

●会社概要

創　　業：1953（昭和 28）年
所 在 地：東京都大田区東六郷 1-13-10
事業内容：微細加工、0.01mm からの穴加工、溝加工、ノズル加工　樹脂、金属・脆性材に対応　試作、研究開発分野における多品種少量の受託加工
資 本 金：1,000 万円
社 員 数：11 名

URL：https://www.shinei-tecno.co.jp/index.html

日本の新薬開発を支えた医薬品商社の先駆

新日本薬業株式会社

代表取締役社長
角田　秀雄 氏

この国に新薬を開発できる力はない。ブドウ糖の品質も劣悪だ。ならば海外から持ってくるしかない――。戦後まもない日本の医療の現実に、危機感を抱いた元厚生省（現厚労省）の役人は、部下を引き連れ独立を決意。1951（昭和26）年、港区に新日本薬業株式会社を創立した。ほどなく医薬品輸入業者としての登録を取得すると、単身米国に赴き、ブドウ糖や抗生物質のストレプトマイシンなどの輸入を始める一方、現地の新薬情報を取得して国内製薬会社に紹介、日本でのライセンス生産を導いた。「当時は年に3品目にも及ぶライセンス契約を交わしたと聞く」と、黎明期の時代を語るのは、創業者・角田正三氏の後を継ぐ角田秀雄社長。医薬品商社として歩んできた自社の軌跡を振り返る。

◆国内外のネットワークを駆使して最適な原料見つけ出す

海外20カ国、100社以上。現在同社が扱う医薬品原薬・中間体の仕入れ先

社是・理念

国民の健康増進に役立つ会社であることを目指す

の総数だ。「こんな薬効成分がほしい」といった顧客の要望があれば、長年培ってきた国内外のネットワークを駆使してニーズに合致する原料を紹介、輸入する。今は新薬といえば合成原料や発酵原料が主役だが、かつては動物、植物由来の原料が多く、これまで同社が手掛けた医薬品原料は少なくない。「例えば肝臓に作用する薬効成分として有名なウルソ。当社が約50年前に米国から取り寄せ、大手医薬品会社に提供してきた」（角田社長）という。ただ最近は、新薬開発に携われる機会も減り、売上の約8割を占める医薬品原料の大半を占めるのが、ジェネリック向けの原料供給。地道に特許調査を進めて、事業性を見極めるビジネスが収益のベースとなっている。

医薬品以外の食品・化粧品やファインケミカル分野でも、新たな原料ビジネスが生まれている。なかでも期待されているのが、「この10年、追い続けている」（同）というアントシアニンを豊富に含むニュージーランド産カシス。高い血流改善効果のある同カシス成分を同社が供給し、森下仁丹が暗い場所での見る力を助ける機能性表示食品を発売したばかり。帯状疱疹ウイル

東京本社外観全景

大阪支店外観全景

スを患った角田社長自身が、カシスを摂取したところ約1カ月で快方したことから、血流改善効果は間違いなさそうだ。

◆新薬の夢を追い求め、米バイオVB40社に出資

将来的に注目されるのが、日本医療研究開発機構（ＡＭＥＤ）の先端機器開発プログラムに同社のアイデアをもとに提案され、採択された「皮膚症状を緩和する温度応答性ゾル-ゲル転移型皮膚保護材の開発」。これまでにない製剤物性と機能を有し、皮膚疾患に幅広く用いられることが期待されている。

創業１００年を見据えた同社の今後について、角田社長は、「今の時代に医薬原料商社である当社が新薬に関われる可能性は少ないが、夢を捨てるつもりはない」ときっぱり。数多くのライセンス生産を導き、日本医薬の黎明期を支えてきた自負がある。その夢の表れが、多額の営業外利益を生み出している米バイオベンチャー約40社への出資。狙いは目先の投資リターンではない。有望ベンチャーに早い段階から関係することで、投資先が開花したあかつきの新薬に絡んだ物流ビジネスを思い描く。

●長寿の秘訣

顧客が困っていると聞けば、喜んで出向き、要求に見合う材料を探し出す。商社ならではの動きだが、新たな原料をみずから追い求める大スケールの動きも忘れない。そこに同社の潜在力の源流がある。ジェネリック向け薬剤の安定供給を目的に、2018 年新設した大阪南港の原料倉庫は早くも埋まり、2021 年にも大地震、大雪のリスクの無い長野県南部に位置する飯島町に新倉庫を稼働させる予定だが、将来の新薬ビジネスの夢を託した投資なのかもしれない。

南港 L&L センター外観全景

●会社概要

創　業：1951（昭和 26）年 4 月 18 日
所 在 地：東京都中央区日本橋小伝馬町 15-10
事業内容：医薬品、医薬品中間体、医薬部外品、化粧品、医療機器、動物用医薬品、農薬、試薬、化学品、食品、食品添加物、飼料等の原材料及び製品の販売ならびに輸出入
資 本 金：8,000 万円
社 員 数：70 名

URL：https://www.snyjapan.co.jp

何でもカタチにする医療ビジネス総合サービス企業

株式会社シンリョウ

代表取締役社長
鈴木　栄 氏

「凹凸の目盛では薬液の適量が判別できない」、「角が邪魔して最後まで軟膏をすくえない」。こんな患者の声に対応し、目盛がプリント印刷加工された投薬瓶や、底を丸く加工した軟膏容器を作ってしまう。いまでは一般化されたこれらの調剤薬局用容器類も、もとはシンリョウが試行錯誤の末に商品化したもの。取り扱い商品総数2万点以上、取引先総数8万7千件。医療用印刷物・容器・消耗品で国内最大手に成長した同社の原動力は、徹底した顧客第一主義にある。

戦時中の1944（昭和19）年、創業者の鈴木幸太郎氏が、個人営業で医療に特化した印刷所を開設。1950年に診療印刷株式会社に改め、診療録（カルテ）を中心とする病院、診療所向けの印刷業務で事業を拡大した。「例えばカルテの場合、罫の幅を変えてほしいとか、書き込み欄がほしいといった細か

理念

無限善循環

な要望に応えていくうちに、顧客を広げてきた」（本田大樹部長）という。ちょっとした要望にも機敏に応えてくれる同社は、やがて医者や薬剤師から信頼され重宝がられる存在となり、薬袋や診察券といった周辺商品を次々に手掛けるようになった。

◆顧客の声に製販一体で対応

一段の飛躍のきっかけとなったのが、印刷専門の子会社「診療印刷」と、プラスチック容器などの樹脂成型を手掛ける「診療化成」の2つの子会社を立ち上げたこと。「当時の業界は、製造と販売が別々になっているのが普通。製販一体の事業形態にしたことで、迅速なニーズ対応が可能になった」（本田部長）と説明。「お客様の要望は絶対に断るな」という指示のもと、営業が拾ってきたさまざまな要望の声を吸い上げ、何とかカタチにする顧客第一主義が根付いた。

シンリョウなら安心。シンリョウなら何とかしてくれる。そんな医療業界の評判は、同社ビジネスを新たな領域へ導いた。きっかけは「壁紙が剥がれた」「ドアが壊れてしまって」

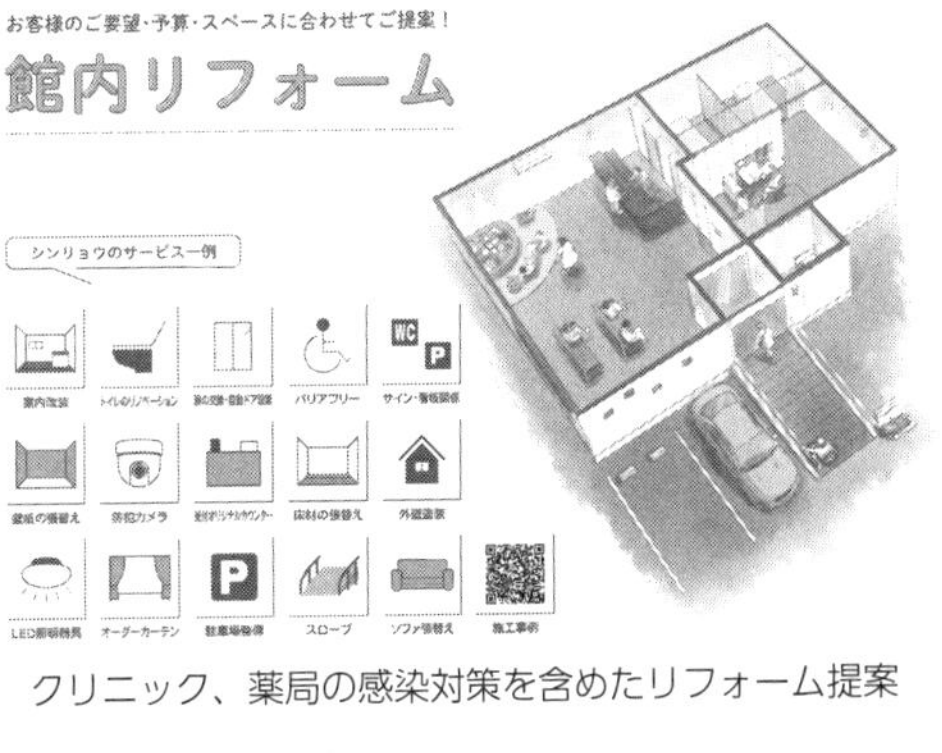

クリニック、薬局の感染対策を含めたリフォーム提案

といった病院や診療所、薬局などからの困りごと。業者紹介にとどまらず、同社が直接修繕オーダーを引き受けるうちに、エアコンクリーニングや受付カウンターの造作といった周辺仕事も舞い込むようになり、ついには2015年に内装事業部を開設。現在では全社員の3分の2にあたる100名近くが「リフォーム提案士資格」を取得するまでになっている。

◆モノからコトへのソリューション

創業100年を見据える同社がいま、目指しているのがソリューション営業。「ニーズを拾いモノを作っても、やがてコモディティ化してしまう。モノからコトへ、みずから提案していくソリューションの力が欠かせない」（本田部長）。例えば、医療現場で遅れているとされるIT化。忙しい医師や看護師、薬剤師に代わってITをナビゲートする。そんななかから開発されたのが、順番管理システムの「まちみる」だ。手持ちのパソコンやタブレットで簡単に順番や待ち時間などを表示するシステムで、低価格のため中小規模の医療機関や薬局でも導入可能。最近は、新型コロナ対策用品を迅速にラインナップし、順調に売上を伸ばしている。ここでも「シンリョウなら安心」という顧客の思いが、売上を支えている。

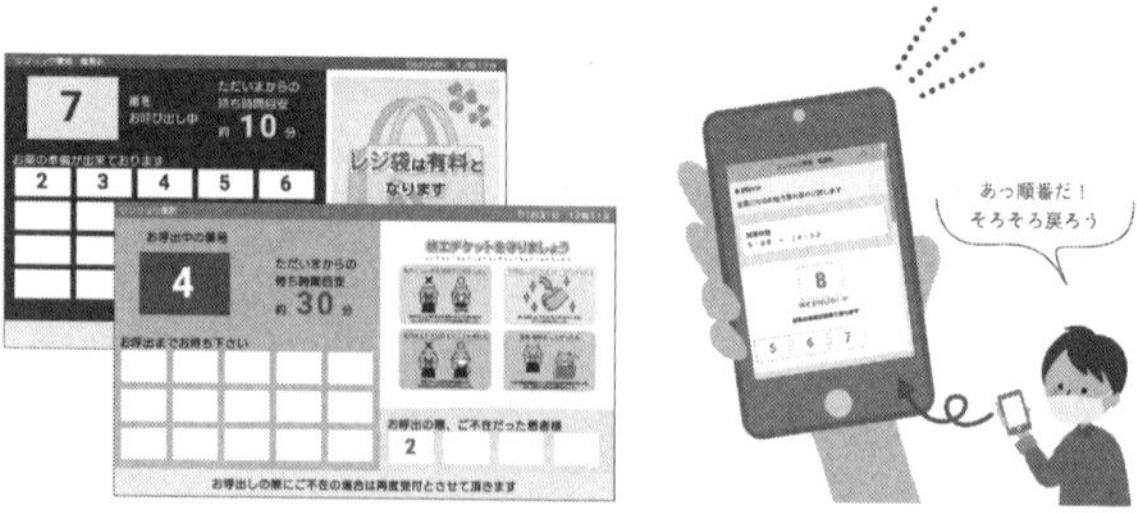

医療従事者の使い勝手を追求した患者様順番管理システム「まちみる」

●長寿の秘訣

問い合わせれば何でもあることから、業界では「和製アマゾン」と言われるそうだ。とにかく何にでも対応し医療業界で絶大な信用を築いたことが大きい。人の命を預かる医療の世界にストレンジャーが入り込むのは至難の業。顧客の声に耳を傾け、しっかり期待に応えてきた積み重ねで揺るぎないポジションを獲得した。昔からある同社の理念「無限善循環」。相手に善いことをしようと思い行動し、それが相手の共感を呼びさまし無限に循環する。シンリョウという会社自体が、その理念の正しさを証明している。

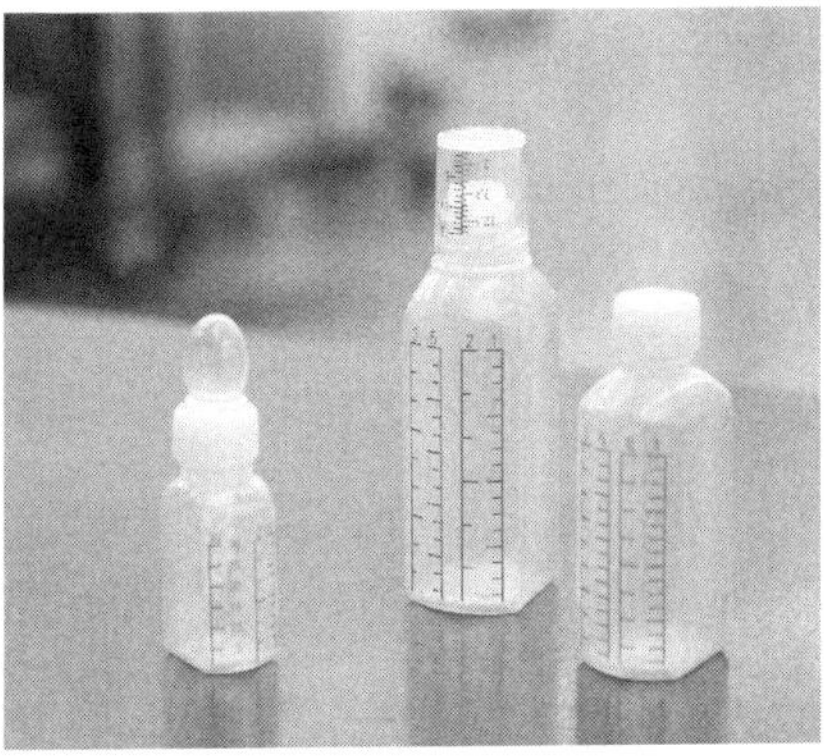

どんな色の薬でも目盛が見える「プリントメモリ投薬瓶シリーズ」

●会社概要

創　立：1944（昭和 19）年 2 月
設　立：1950（昭和 25）年 4 月
所 在 地：東京都豊島区要町 3 丁目 36 番 3 号
事業内容：医療用印刷製品と容器を中心に医療用消耗品・内装・IT 関連商品の販売
資 本 金：1 億円
社 員 数：151 名（2020 年 12 月末現在）　グループ 316 名

URL：https://www.shinryo.jp/

軽くて強い炭素繊維強化プラスチック（CFRP）のパイオニア

スーパーレジン工業株式会社

代表取締役社長
勝山　良彦 氏

繊維強化プラスチック（FRP）は、複合材料の一種であり、エポキシ樹脂やフェノール樹脂などに、ガラス繊維や炭素繊維などの繊維を複合して強度を向上させた強化プラスチックだ。軽くて強く、腐食しないなど多くの長所があるために、航空機や自動車などの乗り物からユニットバスなどの住宅設備まで幅広く使われている。２０２０年に創業63年を迎えたスーパーレジン工業はＦＲＰのパイオニアだ。用途に合わせた高機能な炭素繊維強化プラスチック（ＣＦＲＰ）を独自の技術で生み出し、航空・宇宙・防衛など最先端の分野を支えている。

◆『太陽の塔』から小惑星探査機『はやぶさ』まで

スーパーレジン工業の創業は１９５７年。レジン（Ｒｅｓｉｎ）とは、英語で樹脂のことを指し、繊維強化プラスチックの材料として使われる。「創業者

標語

Challenge & Jump

である渡辺源雄が太平洋戦争に少年工として従軍した際に、墜落した米軍飛行機の残骸から強化プラスチック製の部品を見付けたことが創業のきっかけとなった。日本では太刀打ちできない技術力の高さを知り、終戦後に苦労を重ねて繊維強化プラスチック（ＦＲＰ）の工場を立ち上げた」と現社長の勝山良彦氏は語る。

以来、同社はＦＲＰ成形のパイオニアとして、60年以上にわたり、時代最先端の製品を手掛けてきた。同社のＦＲＰは、古くは１９７０年大阪万博の『太陽の塔』の顔の部分として、最近では小惑星探査機『はやぶさ２』の構造体などにも用いられ、数多くの実績を積み重ねている。「中でも得意とするのは、航空宇宙・防衛・産業機器などの極めて高度な技術を要する製品群で、特定の客先からの特命発注によるものが多い」（勝山社長）。その中で、レーダードームも同社の主力商品の一種であり、市場でのシェアも圧倒的に大きい。

◆高難度の要望を叶える5つの力

高機能複合材料を扱うメーカーとして品質重視のものづくりを心掛ける同社では、従来のＦＲＰだけに止まらず、様々な特性を付与した独自の炭素繊維強化プラスチック

太陽の塔

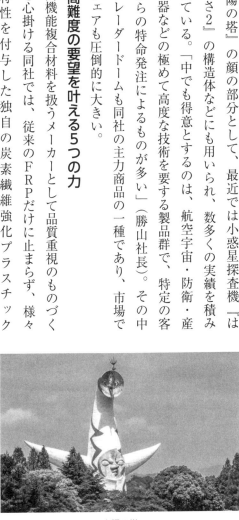

人工衛星向け太陽電池パドル（CFRPスキンとアルミハニカムのサンドイッチ板）

（ＣＦＲＰ）やガラス繊維強化プラスチック（ＧＦＲＰ）を製造している。こうした高度なものづくりを可能にしているのが、「材料開発力、設計・解析力、製造力、品質力、インテグレーション力といった５つの力」と勝山社長は明かす。例えば、樹脂開発に力を入れる同社では、様々な要求事項に適切な樹脂開発を行う事で、市販の材料に無い性能を実現できる。また、製品に求められる強度や剛性などの要求事項に対し、複合材料の最適な形状を検討し、様々な解析で構造の最適化を図って提案できる設計・解析力も強みだ。またこの設計を実現させるのは独自の製造ノウハウと厳格な品質管理である。さらに、単なるコンポーネントの設計製造ではなく、システム全体からニーズを把握し、機構系や構造系の課題を抽出し、最適な仕様を設計できるインテグレーション力にも抜き出ている。「様々な機能を統合することで、ＦＲＰ製品の新たな可能性を広げ、他社にはできない最適な提案が行える」と語る勝山社長。水中から宇宙まで、様々な環境下で耐えうるＦＲＰ製品を生み出す同社の高度なものづくりは、「最強のＦＲＰ」への熱い想いによって支えられている。

●長寿の秘訣

創業時から日本では珍しかった繊維強化プラスチック（FRP）という先端技術に着目し、その素材となる樹脂（レジン）の研究開発から手掛けて幅広い用途に応用できるFRPを生み出してきたスーパーレジン工業は、今も立ち止まることなく挑戦を続ける。同社では「Challenge & Jump」という標語を掲げ、常に新技術にチャレンジし、課題を解決するソリューションを提供することで次なるジャンプ（飛躍）につなげている。

主力商品であるレーダードーム（GFRP製）。樹脂開発から電波解析、製造からインテグレーションまで、さまざまな要求事項や課題解決に対応している

●会社概要

設　立：1957（昭和32）年11月
所在地：東京都稲城市坂浜2283
事業内容：炭素繊維を中心とした先進複合材料の設計開発・成形加工
航空・宇宙機器や液晶・半導体製造装置の複合材部品の研究・設計・製造・販売
資本金：1億円
社員数：200名

URL：https://www.super-resin.co.jp/

自動車鈑金塗装業界を支える塗料と修理器具の専門商社

株式会社スピーディ

代表取締役社長
浦澤　澄 氏

日本にまだ舗装路もほとんど無く、あまり自動車の走っていなかった1950年代、浦澤商店は産声を上げた。革製品向けの塗料で創業した浦澤達夫だったが、彼の目には将来のモータリゼーションが予見できたのか。当時、数少ない自動車の修理工場を見学し、共同経営者だった弟の通夫に「クルマ修理専門の塗料販売店をやろう」と持ち掛けたのがきっかけだった。車体の修理や塗装を徹底的に研究し、自動車の鈑金塗装業界に本格参入した草分け的存在だった。

◆鈑金塗装（BP）業界を育て、自らも成長してきた64年の歴史

自動車整備業には、エンジンやブレーキを整備したり定期点検などを行う「分解整備」と、事故車のフレームやボディを修復したりといった「車体整備」がある。車体の鈑金整備（ボディリペア）と塗装（ペイント）を合わ

経営理念

社員一人の幸せ
お客様一人の幸せ
すべての人に輝けるステージの創造

せ、この車体整備をＢＰと呼ぶが、創業者が志したのはＢＰエキスパートたちの支援であり、ＢＰ業界の発展だった。凹んだボディを修復するための「パテ」も、日本で初めて同社が輸入したものである。創業から60年余り、日本国内を走る自動車の保有台数は一貫して増え続け、８０００万台に迫ろうとしている。まさに先見の明である。

１９８５年に現在のスピーディに社名を変更。95年にはスピーディ販売も設立した。イタリアを中心に、フレーム修正機や塗装ブースなど車体補修で使用する多くの設備機器を輸入する商社機能を本体が持ち、塗料の販売代理店機能をスピーディ販売が受け持つ。塗料を例にとっても、日本ペイント、ロックペイント、ＢＡＳＦなど大半の大手と取り引きがあり、国産車でも、輸入車でも、最適な製品をデリバリーできる。

◆作業効率改善や時間短縮に加え人材育成もサポート

創業時と同様、3代目となる

1957 年創業当時の浦澤商店

1968 年浅草公会堂で行われた米国式鈑金塗装講習会。
1,000 人以上のお客様が訪れ空前の業界イベントになった。

浦澤澄社長と浦澤豊副社長の兄弟が二人三脚で切り盛りする。現在では、両社合わせた顧客数は約4000件、仕入れ先は800社、商品数も8000に拡大。なかでも熟練技に頼っていた車体の修正作業を機械的かつ迅速に行えるフレーム修理機や、水性塗料の普及に対応し乾燥時間を大幅削減できる塗装ブースなどを積極的に提案し、業界の発展を下支えしている。最近は、高級車マセラッティやジャガーランドローバーの認定工場の審査請負業務もスタートし、新たなビジネス展開を始めているが、「整備作業者の高齢化とともに、整備をする作業者が年々減っている」と、危機感を募らせる浦澤社長。みずから外国人技能実習生の受け皿となる関東自動車整備業連合協同組合の設立に奔走するなど、今後も全国の鈑金塗装工場の発展とともに、事業を進めていく方針だ。

●長寿の秘訣

整備工具や塗料を販売しているだけなら、現在のスピーディが果たしてあったかどうか。60年も前から、関係する車体整備業者を集め製品や技術の講習会を継続的に開いてきた。将来のBPエキスパートをみずから育成してきたことが、自社の発展にもつながった。最近では人手不足と高齢化が一段と加速し、国内の車体整備業者は、ピークの4万件から現在では2万5千件に減っている。協同組合の設立を通じて、外国人技能実習生を育成する試みは、業界と一心同体でビジネスを営む同社の揺るぎない姿勢が垣間見える。

様々なゲストをお招きして行われる自経会。多い時には300名近いお客様が参加。

●会社概要

創　業：1957（昭和32）年
設　立：1959（昭和34）年7月
所在地：東京都江戸川区松島1－24－15
事業内容：フレーム修正機、ユニバーサルジグ、塗装ブースなど、車体整備（BP）機器の輸入・販売、および塗料の販売代理業
資本金：1億円
社員数：68名（2020年12月31日現在）

URL：http://www.speedy-tool.co.jp/

資源・製錬・材料の3事業連携で「世界の非鉄リーダー」を目指す

住友金属鉱山株式会社

代表取締役社長
野崎　明 氏

住友グループ発展の礎とされる別子銅山（愛媛県新居浜市）。1973年の閉山を迎えるまでの280余年間に約70万トンの銅を産出し、日本の近代化に貢献したわが国有数の銅山だ。ここで培われた設備技術は機械工業を生み出し、亜硫酸ガスの発生を抑える技術は化学工業へと発展し、荒廃した銅山の緑を取り戻すための植林事業は林業を基にCSR・社会貢献のルーツへとつながった。そして源流である鉱山・製錬事業を受け継ぐのが、住友金属鉱山株式会社である。

◆430年の歴史

1590年の京都で、銅製錬・銅細工で創業、1691年の別子銅山の開抗をきっかけに鉱山事業にも本格参入し、以来430

住友金属鉱山グループ経営理念

・住友の事業精神に基づき、地球および社会との共存を図り、健全な企業活動を通じて社会への貢献とステークホルダーへの責任を果たし、より信頼される企業をめざします
・人間尊重を基本とし、その尊厳と価値を認め、明るく活力ある企業をめざします

年の歴史のなかで資源開発・製錬技術を受け継いできた。別子銅山閉山後は一時的に自社操業鉱山が途絶えたものの、1985年に菱刈鉱山（鹿児島県伊佐市）を開坑、現在も金量で年6tを産出する国内最大の金鉱山となっているほか、1986年の米モレンシー鉱山を皮切りに、南米、豪州にある海外銅鉱山の資本参加を積極化し、グローバル展開を加速している。同社の「資源事業」は、鉱床探査・鉱山開発・鉱山運営を手掛ける3事業のひとつである。

二つ目は、鉱物から高品質な金属を生み出す「製錬事業」。電線など多方面で活躍する銅のほか、ステンレスに用いられるニッケルなど、430年の歴史で培った世界トップクラスの製錬技術は、同社事業の根幹をなす。このうちニッケル製錬では、2005年に低品位酸化鉱からニッケルを回収する「HPAL技術」を用いた世界初の商業生産に成功。現在フィリピンに開設した二つの生産拠点でニッケル中間原料を製造し、国内で高純度のニッケルをつくり出している。

そして、これら金属素材に新たな価値を提供する「材料事業」が、三つ目の事業。ハイブリッドカーのニッケル水素電池の材料である水酸化ニッケルや、電気自動車（EV）のリチウムイオン電池に用いられるニッケル酸リチウム（NCA）、スマートフォンのノイズ対策部品に使用する結晶

1986年に資本参加したモレンシー銅鉱山（米）

低品位酸化鉱からニッケルを回収し、資源の有効活用を実現したHPALプラント

材料など。なかでもＮＣＡは世界シェア約60％を持っており、急速な市場拡大が見込まれるＥＶ市場で、同社の材料事業が一段と注目されるのは間違いない。

◆一貫したサプライチェーンの優位性

「資源、製錬、材料の３事業を連携している点が、当社の強みの一つ」（草薙英昭広報ＩＲ部広報グループ長）という通り、顧客の製品開発からコミットし、情報を共有しながらニーズに合致した高品質の金属材料を安定提供している。例えば電池材料の供給。ニッケル鉱石から中間原料に製錬し、硫酸ニッケルに加工し、最終的にＮＣＡや水酸化ニッケルといった電池材料にするまで自社グループ内で一気通貫のサプライチェーンを保有している。顧客が求める材料を、川上から一括管理できる態勢は、世界的な資源メジャーには見られないユニークなビジネスモデルでもある。

２０２０年３月には、ＳＤＧｓにもつながる「２０３０年のありたい姿」を発表、持続的な成長と企業価値の最大化を目指すための活動指針、目標を11の課題とともに策定したもので、最終的には長期ビジョン「世界に非鉄リーダーを目指す」ことに結実する。デジタル化の進展と脱炭素社会の実現に向け、非鉄の先駆者である住友金属鉱山の出番到来と言えるだろう。

●長寿の秘訣

住友の源流事業を受け継ぐ住友金属鉱山。住友は銅から銀を分離する南蛮吹きの創業技術を惜しげもなく同業者へ公開したほか、大正末期には煙害被害を抑制するため瀬戸内海の無人島へ製錬所を移設したこともあるという。そんな住友のDNAは、私利追求を良しとせず共生を前提にするSDGsと根は同じ。持続可能な社会の実現に向けて、鉄が主役の時代から非鉄金属がカギを握る時代となったいま、同社はもっと目立っていい会社にちがいない。住友金属鉱山は、世界の非鉄リーダーを堂々と目指すべき、日本が誇れる会社なのだ。

煙害を克服するために瀬戸内海の無人島（四阪島）に
製錬所を移設した当時の写真（1905年）

●会社概要

創　業：1590（天正18）年
設　立：1950（昭和25）年
所在地：東京都港区新橋5-11-3（新橋住友ビル）
事業内容：資源開発、非鉄金属製錬、機能性材料の製造および販売、その他
資本金：932億円（東証1部上場）
社員数：連結 6,873名（2020年3月31日現在）

URL：https://www.smm.co.jp/

ストレーナ（ろ過器）を軸に国内外のプラント建設に貢献

大同工機株式会社

代表取締役社長
川手　修 氏

「いつまでプラント事業の穴をカバーしていくのか」──。赤字続きのプラント部門に対し、主力の工作機械販売部門の社員の不満はくすぶり続けた。当時のコスト最優先の過当競争に疲弊していくプラント部門の現状に、当時取締役で現社長の川手修氏は、プラント製品を海外で生産し逆輸入するという手段に打って出た。狙いは見事に的中し、コストダウンを成し遂げた同社の価格競争力は一気に向上、この後プラント部門は同社の中核事業として成長していくことになる。90年代終盤のことである。

◆起死回生の一手で主力事業に

異物をろ過するストレーナを中心に、石油化学や電力エネルギーなどの各種プラント機器を手掛ける大同工機は、1955（昭和30）年に工作機械販売会社として創業。高度経済成長期の活発な設備投資に支えられ、順調に事業を拡

社是・理念

常に進化に挑み
お客様に満足いただける仕事を通じ
社会との共存共栄を目指す

大させていた。一方、プラント部門は創業者（川手社長の父）の兄が営む製造業を引き継ぐかたちで61年にスタートしたものの、なかなか収益に貢献できず悪戦苦闘していた。バブル崩壊で工作機械の新設需要が減少し、プラント部門の立て直しが急務となるなか、仕様に応じ海外での調達、生産を活用した事が、起死回生の一手になったのだ。

運にも恵まれた。同社が海外生産を決めたのと同じころ、ストレーナの競合先が経営破綻し、「結果的に多くの社員と商圏を引き継ぐことができた」（川手社長）。やがてプラント部門が工作機械部門の売上を上回ることになり、ストレーナを軸にプラント機器で強みを持つ同社の新たな歴史が始まった。

◆悲願の電力プラント参入

だが、川手社長は「このままコスト勝負のビジネスを続けるだけでいいのか国内製造拠点である埼玉工場の品質レベルをより向上すべきでは無いのか」と、自問自答した。社内には、社会インフラ周りの顧客を作るべきと言う意見もあり、思い切って電力エネルギープラント向けの売り込みを開始した。ところが引き合いをもらうまでに数年、その後何度も見積もり提案したが、プラント性能に直結する製品だけに、「針の穴は開いても、その先に行けない状況」（川手社長）が

埼玉事業所作業風景

溶接作業風景

続いた。営業を主導した久保田晃常務も、「一般のプラントとまるで違う。溶接技術といったハード面だけでなく、性能面においてもさまざまなエビデンスを求められるなど、要求品質は格段に高かった」と述懐する。

品質技術のアップに努める一方、ＩＳＯなどの国際標準や電気事業法の溶接検査認証などを取得し、ようやく仕事をもらえるようになった。また、東日本大震災後の電力需要の増大とCO_2削減等の環境問題への対応を契機に受注機会を増やしてきた。更に今では、鉄やステンレスだけでなく、特殊合金の溶接もこなし、最大厚さ50㎜の溶接にも対応する溶接技術をものにした。

それでも川手社長は、「コスト面、品質面の壁を乗り越えたいま、改めて思うのは競合を凌ぐことに注力するあまり、顧客の課題に向き合う姿勢に欠けていた」という。

そこで体制を一新するべく２０１６年に埼玉事業所として新工場を建設、加えて２０２０年には実験設備や計測機器を備えた開発部門（テクニカルセンター）を新設し、流体サンプルの解析等を行える体制を築き、ろ過装置の製造販売から、ろ過を取り巻く問題解決型の事業へ踏み出した。現状に安住しない大同工機の挑戦が止むことはない。

●長寿の秘訣

海外生産の活用で価格競争力をつけ、品質技術で電力業界への参入を果たした。現状に甘んじず、みずから壁を作り、壁を乗り越え、上を目指す決意と実行力がなければ、大同工機の長きに渡る繁栄はなかっただろう。ストレーナで揺るぎないポジションを獲得した今なお、課題解決会社への進化という第三の壁に挑んでいる。これまで以上に険しい取り組みが予想されるが、あくなき挑戦こそが事業継続の最大の力であることを示している。

テクニカルセンター外観

●会社概要

創　業：1955（昭和 30）年 4 月
設　立：1959（昭和 34）年 4 月
所在地：東京都千代田区鍛冶町 2-6-1
事業内容：プラント装置に附属する機器の製造および工作機械・専用機・コンピュータ関連機器の仕入・販売
資本金：9,300 万円
社員数：87 名（2021 年 1 月末現在）

URL：http://www.daidomachines.com/

創業80余年、タクシー業界のリーディングカンパニー

大和自動車交通株式会社

代表取締役社長
前島　忻治 氏

〝大日本帝国〟。東京地区でタクシー事業を営む大手4社の総称だ。大和自動車交通株式会社に、日本交通、帝都自動車交通、国際自動車の頭文字を並べたもので、1939年創業の大和自動車交通が筆頭格。同社の創業者である新倉文郎氏は、タクシーを近代的業界に発展させた「タクシーの父」とされ、戦後まもなく東証への株式上場を果たすなど、業界を代表する企業に大和自動車交通を育て上げた。2代目社長の尚文氏も業界の全国組織の要職を歴任し、まさに同社はタクシー業界のリーダーカンパニーとして活躍してきた。

◆経営改革を断行し黒字転換

戦後は堅実経営をベースに、着実に収益を積み重ね、社員にとっても働きやすい「いい会社」として成長を遂げてきた。しかしバブル崩壊と

経営理念

大和の「和」の精神に基づき、顧客満足（CS）を第一とし、事業の効率化と原価意識を徹底することにより、経営基盤を確立し全従業員の物心両面の幸福を実現するとともに、社会発展に貢献する。

ともに、タクシー・ハイヤー事業の収益は徐々に伸び悩み、しばらくは不動産売却等で本業の赤字を補いながらも、ついには無配転落。当時銀行から関連事業担当取締役として同社に出向していた現社長の前島忻治氏は、「長い業歴のなかで次第に組織が甘くなっていた」と振り返る。

「このまま赤字が続けば大変なことになる」。3代目能文氏の社長就任とともに、経営改革を陣頭指揮した前島社長が取り組んだのが、二宮尊徳の「分度」の考えに基づく適切なバランス。例えば、年間数億円で長年ハイヤー契約してくれる法人顧客であっても、実態は赤字という契約が少なからず存在したという。料金改定を認めてくれない顧客には、契約の打ち切りも厭わず、ハイヤー保有台数を半減させて早々に黒字転換を実現。「タクシーのハンドルは握れない」とタクシーへの配置転換に反発するハイヤー運転手の説得に努める一方、タクシー事業では、千代田、中央、港の都心中央三区を重点化する戦術を徹底するなどして、やがてタクシー事業も黒字化にこぎつけた。

◆新型コロナを乗り越え次世代サービスに挑戦

ここ数年、順調に収益を拡大させてきたものの、昨年春か

タクシーのプレミアム車両

社内ボーリング大会のひとコマ

らの新型コロナウイルスの影響で、2020年度業績の大幅ダウンは避けられず、前島社長は「当社に来て2度目の試練」と苦笑い。感染防止対策を徹底するだけでなく、新たな取り組みを活発化させている。なかでもリゾートホテル事業の共立リゾートとタイアップし、自宅から宿泊施設までプレミアム車両のタクシーで往復送迎するサービスを昨年6月に開始し、他者との接触機会の少ない貸切タクシーとして注目を集めている。

少子高齢化や人口減少、さらにテレワークの普及に伴う都内就業者の減少など、タクシー業界を取り巻く環境は大きく変わりつつある。すでに同社は、都内最大の配車アプリ「S・RIDE」サービスをスタートさせたほか、次世代モビリティサービス「MaaS」の実証実験に参画するなど、将来に向けた動きを積極化している。「デジタル技術を活用した先進サービスを導入するとともに、介護、福祉、マタニティといったお客様ニーズに特化したサービス開発を通じて、人と社会の『和』を目指していく」と語る前島社長。業界を牽引してきた大和自動車交通の新たな挑戦が始まろうとしている。

●長寿の秘訣

老舗企業の誇りとブランドも、改革なくして継続はおぼつかない。長寿企業にありがちな従来慣行に浸かった社内に対し、説明を尽くした合理的判断で、改革を断行したのが大きい。ときには外部の手腕を招きいれることも必要といえるだろう。大事なのは創業の精神とマインドだ。新型コロナの逆境にありながら、怯むことなく前を見据えて挑戦を続ける同社の姿を、タクシー業界の父は頼もしく見守っているにちがいない。

本社および江東事業所の全景

●会社概要

創　業：1939（昭和 14）年 9 月
設　立：1945（昭和 20）年 1 月
所在地：東京都江東区猿江 2-16-31
事業内容：ハイヤー・タクシー業：ハイヤー 180 台、運行管理 131 台、タクシー 2,144 台、（連結会社 702 台＋業務提携会社 1,442 台）、福祉ハイヤー 38 台
不動産業：賃貸ビル 16 ヶ所
資本金：5 億 2,500 万円（東証 2 部上場）
社員数：2,117 名（令和 2 年 3 月 31 日現在 / 連結）

URL：https://www.daiwaj.com/

日本のエネルギーインフラを支えるガソリン計量機のパイオニア

株式会社タツノ

代表取締役社長
龍野　廣道 氏

1919（大正8）年、日本で最初のガソリン計量機の製作に成功し、ガソリン計量機のトップメーカーとして100年以上の歴史を刻んできた株式会社タツノ。1939年には、日本初のメーター式電動ガソリン計量機を陸軍航空隊に納入したほか、戦後は時計型計量機や世界初の天井懸垂式など、新機構を相次ぎ打ち出しモータリゼーションの普及とともに事業を拡大。その後も、サービスステーション（SS）初のPOSターミナルやデジタル計量機などの革新的な製品をいち早く開発し、現在ではSSに設置される計量機で国内シェア65%を誇る。龍野廣道社長は、「世の中にないモノを作ろうとするマインドを持ち続けてきた」と説明する。

◆驚異のベーパー回収装置

なかでも最近注目されているのが、ベーパー液化回収装置「エコステー

経営信条

明日への技術と信頼のサービス

ジ」。車への給油やタンクローリーからのガソリン荷卸しの際、ガソリンが揮発して気体になる。全国のＳＳで膨大な量が大気放出されており、大きな損失であるばかりか、安全性や大気汚染の面からも大きな社会問題となっていた。タツノは、圧縮と冷却の研究を重ねてベーパーを瞬時に液化し99％以上回収できる装置を開発、環境省の大気環境配慮型ＳＳ認定制度の最高ランク（Ｓランク）認定取得製品として、すでにシリーズ累計３０００台が全国で活躍している。「社会貢献性の高い製品として、ＳＳのスタンダードにしていきたい」（龍野社長）という。

タツノの事業フィールドはＳＳ向けの機器類に留まらない。もともとプラント建設で培った経験を生かし、ＳＳや油槽所など多様な給油関連施設の設計、施工、メンテナンスを一括で請け負い、毎年の施工実績はおよそ１５０００件。危険物のプロフェッショナルとして、日本のエネルギーインフラを支えてきたわけだ。これら施工ビジネスと並行し、土壌の調査・分析と浄化修復をワンストップで行う環境ビジネスにも進出。最新鋭の分析施設「ＴＡＴＳＵＮＯ　Ｌａｂ」（横浜市鶴見区）で年間５万検体に及ぶ分析業務を手掛けるなど、ＳＳ以外の土壌調査・解析ビジネスも展開している。最近は、災害時

ガソリン給油時に発生するベーパーを液化回収する計量機「SUNNY-NX D100R」大気環境配慮型 SS 認定制度【e→AS】の最高ランク対象製品

燃料電池車（FCV）に高圧水素ガスを充填するディスペンサー「Hydrogen-NX L」

のオフラインエネルギー供給拠点として、ＳＳ向けの災害対策機器を強化しており、緊急用発電機などのランナップを拡充し、防災・減災ニーズにも対応し始めた。

◆水素ステーションでも先頭

一方、計量機類を軸にした海外事業も輸出を始めて半世紀に及ぶ。今では欧米アジアに製造販売拠点を構えるほか、海外代理店40カ国を通じて世界80カ国以上で販売し、世界3位の計量機販売シェアを持つまでに成長、グローバルな販売サービスを展開していく方針だ。

国内のＳＳは現在3万店程度で推移しており、エネルギーの多角化が進みつつある。龍野社長は、「変化をリアルに見極めることが肝要だ。多様なエネルギーに対応できるよう、適切な時間軸でしっかり準備していく」と強調、ガソリン、ディーゼルによる現実世界と日本のエネルギーの移り変わりを見定めて、適時適確に必要な製品を供給していく考えだ。すでにＣＮＧやＬＮＧのほか、次世代エネルギーとして有力な水素でも、超高圧水素ディスペンサーで全国最多の設置実績を持つとともに、北米や中国、韓国など海外での実績も伸展させている。世の中にないモノを作る技術開発マインドを受け継ぎながら、タツノは新たなマルチエネルギーの時代に挑戦していく。

●長寿の秘訣

　ガソリン計量機で世界的にも知られるタツノ。日本初、世界初の製品が目白押しであるように長年積み重ねてきた技術開発力が成長力の基盤だ。だがそこには開発主導や作り手本位の先走った姿勢は見られない。一貫しているのは、あくまでSSを通じた社会のためのモノづくり。「われわれはスマホやゲームとは異なる時間軸にいる」。エネルギーの世界に生きる龍野社長の言葉は、時代の先取りではなく、時代が求める製品をタイムリーに提供し、これからも提供していくという自信と覚悟に満ち溢れている。

2016年に「機械遺産」へ認定された昭和初期のガソリン計量機
（横浜工場ショールームにて展示）

●会 社 概 要

創　　立：1911（明治44）年5月1日
所 在 地：東京都港区三田3-2-6
事業内容：
- 石油用各種機器製造販売
- ガソリンスタンド向け販売業務用OA機器製造販売
- ガソリンスタンド、油槽所、工場用プラントの設計・施工
- 石油用各種機器の修理および維持管理
- ガソリンスタンド、油槽所などの施設の土壌環境保全事業

資 本 金：4億8,000円
社 員 数：1,231名（2020年6月1日現在）

URL：https://tatsuno-corporation.com/jp/

モノづくりニッポンの設計業務を支援

株式会社中央エンジニアリング

代表取締役社長
齋田　善弘 氏

航空・宇宙に機械、自動車、情報通信、医療機器――。日本を代表する名だたる企業に深く入り込み、さまざまな製品の設計業務を支援してきた企業がある。機械設計請負業の草分けである中央エンジニアリングだ。大手建機メーカーの設計者だった齋田重行氏が、1954（昭和29）年に独立し、大田区雑色に機械設計業務を担う技術会社を設立。以来60余年にわたって日本のモノづくりの上流を支えてきた。

◆機械設計請負会社のパイオニア

当初は、機械やプラント設備などの機械設計から始まった。顧客企業に代わって設計図面を引くいわゆる請負ビジネスで、いまでは数多く存在する機械設計専門会社のいわばパイオニアであった。創業して間もなく、縁あって三菱重工業から航空機の治具設計の仕事が舞い込むと、同社が名古屋でライセンス生産を

経営基本方針

創造、挑戦、信頼

始めた戦闘機など、機体製造に関わる設計業務の一部を次々に任され、やがて同社製ロケットの設計にも携わるようになる。中央エンジニアリングの社員数百人が、航空・宇宙分野における機体やエンジンなどの設計開発プロジェクトに参画し、その開発期間の長きにわたって基本設計から詳細設計までの業務を担当する。

重行氏の後を継いだ現社長の齋田善弘氏は、「いまなお航空・宇宙部門は当社の中核事業のひとつ。要求基準の厳しい航空機の機体設計を手掛けてきた実績と信頼は、絶大なものがあった」と言う通り、工作機械メーカーをはじめ、同社の評判を聞きつけて設計支援を求めてくる大手企業が続々と現れた。

一段の成長機会となったのが、84年の富士通との取引開始。固定電話のデジタル交換機まわりの設計だ。従来の機械設計だけでなく電気通信の知識が不可欠になることから、ここで同社はエレクトロニクスに関する社員教育を一気に施し、メカニカルとエレクトロニクスを包含したモノづくり全般（メ

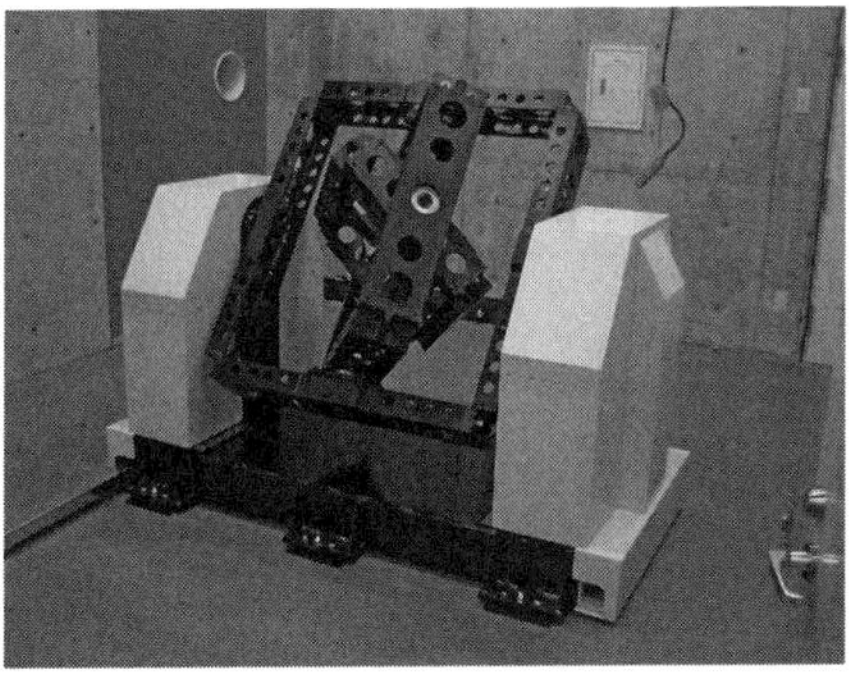

人工衛星姿勢制御実験装置

FOG用光ファイバー巻線機

カトロニクス）の設計請負会社として発展していくことになる。

◆解析&3D造形ソリューションで新領域を開拓

2000年以降は、さまざまな製品のアプリケーション、ミドルウェア、ドライバ等の設計・開発を行うソフトウェアにまで領域を拡げ、現在の事業領域は航空・宇宙から産業機械、自動車、情報通信・家電分野と幅広い。請負だけでなく、派遣形態も含めて約90社と取引を行うが、最近ではバイオ・医療系機器の設計業務もスタートさせている。「時代の変化に合わせて当社フィールドも変遷を繰り返してきたが、そのときどきの先端産業の設計支援を行うビジネスモデルは変わらない」（齋田社長）と強調する。

新たに2つのソリューショングループを立ち上げた

深い知識と経験に基づく優れた設計人材を養成するため、専門技術研修やキャリアアップ研修などきめ細かい社員教育制度を整えているほか、2016年には女性の活躍推進企業の「えるぼし」認定も取得した。さらに2030年の売上100億円の達成に向けて、新事業領域を開拓する。事業部横断のAM（3D金属造形）ソリューションと解析（CAE解析）ソリューションの2つのグループを新設。同時に研究開発施設のR&Dセンターを立ち上げて独自技術や製品の創出を目指している。同社の事業フィールドが、一段と拡大していくことになりそうだ。

●長寿の秘訣

戦後いち早く脱サラし、メーカーの設計業務をサポートする設計請負業をスタートさせた創業者・重行氏の慧眼が大きい。だが単なる設計の下請け仕事であれば、ここまでの発展はなかったはず。大手企業の設計陣と対等、もしくはそれ以上の専門知識と高い設計遂行能力があればこそ。図面単価に苦しんだ業界の地位向上を目指し、機械設計技術者の資格制度や機械設計の業界団体設立に奔走した創業者・重行氏の設計に対する情熱は、同社の DNA としてしっかり受け継がれている。

2020 年 9 月設立の小牧事務所・R＆D センター

●会社概要

創　　業：1954（昭和 29）年 9 月
設　　立：1955（昭和 30）年 9 月
所 在 地：東京都千代田区麹町 4-5-7　麹町パークハウスビル
事業内容：●航空宇宙機器の設計、開発試験、維持管理／●産業機械の設計、製作、各種試験／●情報通信機器の設計、開発試験／●自動車関連機器の設計、開発●ソフトウェアの設計、開発／●上記関連の試験装置・周辺装置などの設計、製作、据付および派遣業務
資 本 金：1 億 1,600 万円（含 資本準備金）
社 員 数：528 名（2020 年 4 月現在）

URL：https://www.chuo-eng.co.jp/

無限の可能性を求めて最先端の超音波技術をリード

超音波工業株式会社

代表取締役社長
唐澤　秀治 氏

人間の耳には聴こえない高音域の超音波。魚群探知機や医療用検査装置など、超音波の速度と反射を利用した計測装置が広く普及する一方で、超音波の振動エネルギーを利用して、洗浄、溶着、接合、乳化・分散といった応用技術が開花し、産業発展に欠かせない数多くの製品が生まれている。創業から60余年、国内における超音波応用技術をリードしてきたのが超音波工業だ。

◆超音波の応用技術をひたすら探求

1954（昭和29）年に、東京大学出身の故山﨑虎雄氏が、音の振動を用いてさまざまな物理現象を引き起こす技術に着目し、浜松町に「超音波応用研究所」を設立したのが始まり。最初に試作した超音波洗浄機の市場性が確認できたことから事業化を決断、1956（昭和31）年に現在の超音波工業を設立した。洗浄機のほか金属接合機や計測機、樹脂溶着機といった超音波技術を用い

社是

超音波技術を通じて人と地球の未来を創る

た装置を次々に開発し、1960年代後半になると超音波ワイヤボンダを実用化。その後の半導体需要の拡大と相まって、同社の主力製品に成長した。

「私が入社した当時は16時半までの7時間勤務。発祥が研究所だったこともあり、研究が重要視された会社であった」と述懐するのは、7代目となる唐澤秀治社長。創業者は、事あるごとに「智慧を出せ！智慧を売れ！」という話をよくされ、超音波に特化し、超音波で何ができるか、ときには大学の研究室と一緒になって、ひたすら探求を続けてきた歴史が厳然と存在する。唐澤社長は、「顧客のニーズに向き合い、さまざまなトライを積み重ねてきた。そうした経験を生かし技術を売るスタンスは、これからも変わらない」と、強調する。

◆パワー半導体向けワイヤボンダで独壇場

主力のワイヤボンダが、その典型。同社はメモリー半導体向けの装置ではなく、市場が限られるパワー半導体を中心とするアルミ太線のボンディングを得意とする。需要が拡大す

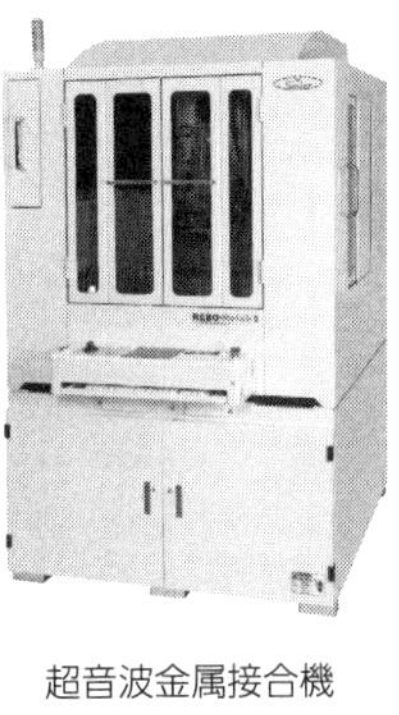
超音波金属接合機

超音波洗浄機

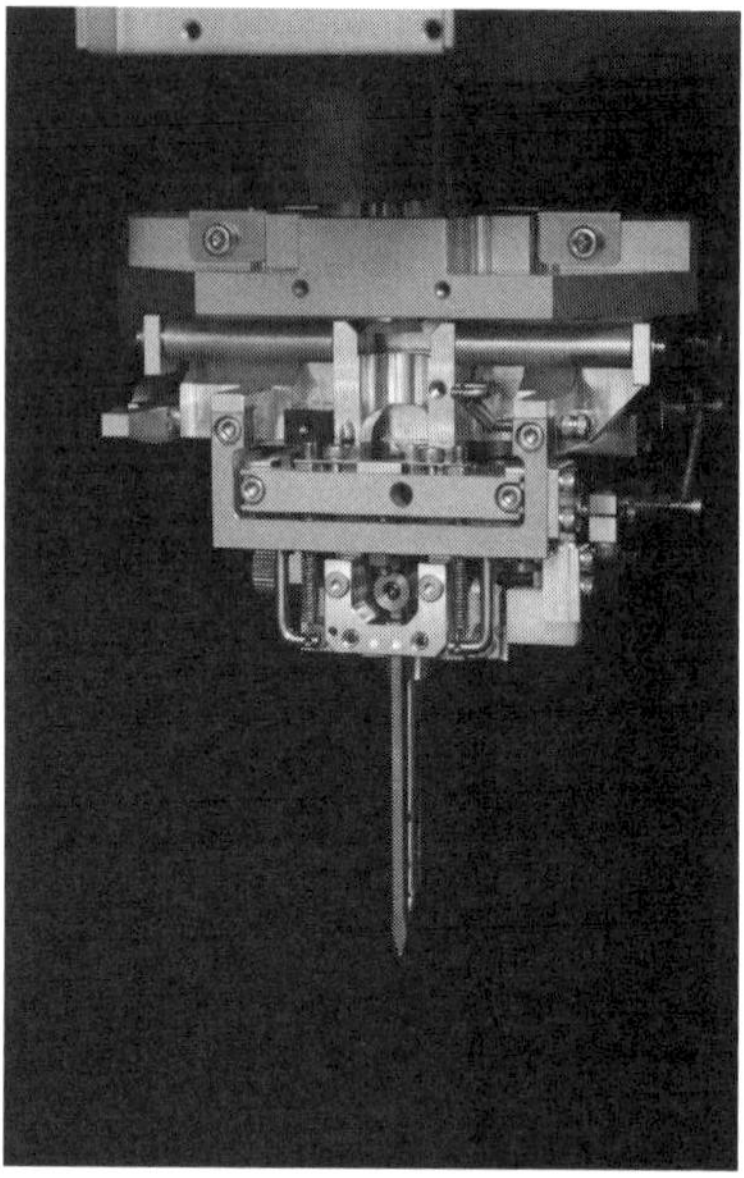

2周波対応ボンディングヘッド

れば一気にモノが売れるメモリー系には手を出さず、アルミ線の技術アップに邁進してきた。最近は、自動車、鉄道や産業用ロボットに用いるパワー半導体の需要が急拡大しているが、同社の装置なしでは実用化が難しいパワーモジュールが数多く存在し、国内のアルミ太線ボンディングは、ほぼ同社の独壇場となっている。

とはいえ国内のパワー半導体の生産は数社にかぎられることから、海外市場の開拓も課題。これまで商社や代理店依存できたが、数年前から現地スタッフを駐在させ、中国・アジアを中心に海外販売を本格化させている。特に中国は、「アフターサポートを強化したことで、ワイヤボンダだけでなく超音波金属接合機が売れ始めている」（宇野和憲営業部長）という。今後もパワー半導体を主要ターゲットに、国内外で高品質の製品を提供していく構えだが、「超音波技術は、まだまだ未知の部分がある」（唐澤社長）そうで、応用技術を探求する動きが止むことはなさそうだ。

●長寿の秘訣

顧客重視を貫き、自主独立で、身の丈に合った経営を基本としてきた。終身雇用を基本にする同社は、古き良き日本型経営の典型だ。ところが超音波という未知なる領域を扱う技術集団には、この社風がプラスに生きてきた。規模の拡大よりも、あくまで超音波技術で顧客や社会に貢献する姿勢が、脈々と受け継がれている。超音波技術で何ができるのか。この一点に関して、ガツガツしている会社なのだ。

本社社屋外観

●会社概要

設　　立：1956（昭和 31）年 5 月 25 日
所 在 地：東京都立川市柏町 1-6-1
事業内容：超音波ワイヤボンダ、超音波洗浄装置、超音波プラスチックウエルダ、超音波金属接合機、超音波計測器及び超音波応用機器の設計、製造、販売
資 本 金：1 億円
社 員 数：194 名　(2020 年 3 月末現在)

URL：https://www.cho-onpa.co.jp/

医療現場の要望で誕生し、100年にわたり変化と成長を続ける医のエキスパート

テルモ株式会社

代表取締役社長
佐藤　慎次郎 氏

新型コロナウイルス感染症（COVID－19）のパンデミックで、医療現場は「戦争」ともいえる厳しい状況に直面している。テルモも医療機器製造・販売の国内最大手として「コロナ戦争」の最前線で医療を支える企業の一つだ。設立は1921（大正10）年、今年で100周年を迎える。

◆時代のニーズに応える先駆者として

テルモ設立のきっかけは、スペイン風邪の大流行と第一次世界大戦によるドイツからの輸入に頼っていた体温計の不足。その時の教訓から、体温計を国産化すべく同社の前身となる赤線検温器株式会社が設立された。感染症研究の世界的権威だった北里柴三郎博士が設立発起人となり、東京医師会会長の笹川三男三博士が初代社長に就任したこ

会社理念・社是

「医療を通じて社会に貢献する」

私たちは、医療の分野において価値ある商品とサービスを提供し、医療を支える人・受ける人双方の信頼に応え、社会に貢献します。

とからも分かるように、医療現場からの切実な要望を受けて誕生した会社だった。それから40年間は体温計メーカーとして日本の医療に貢献していく。

転機は1963年に訪れる。そのきっかけも感染症だった。当時の注射器や注射針は滅菌しながら何度も使っていたため、注射を介した血液感染が問題になっていたのだ。こうした感染を防ぐために、単回使用（ディスポーザブル）の注射器・注射針の国産化に乗り出した。

◆多角化とグローバル化を実現して成長軌道へ

1980年代、狭心症や心筋梗塞などの診断・治療を行う高機能カテーテル分野に進出。きめ細かい技術開拓を行い、心臓カテーテル領域で確固たる基盤を構築した。

2000年代に入ると、M&A（企業・事業の合併や買収）を含めグローバル展開を本格化する。3つのカンパニーのうち、心臓血管カンパニーでは1999年7月に米3Mから人工心肺事業を買収し、テルモ・カーディオバスキュラー・システムズを設立。その後も革新的な技術を持つ海外企業を買収。

2011年4月には輸血関連分野の世界的大手だった米カリディアンBCTを買収、血液・細胞テクノロジーカンパニーの基礎となった。買収金額は2600万ドル（当時のレートで約2000億円）と、テルモ史上

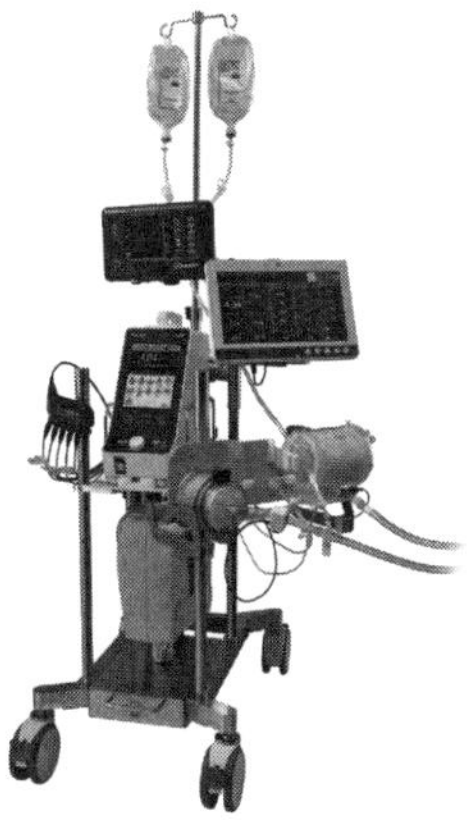

コロナ重症患者の「最後の砦」ともいわれるエクモ（体外式膜型人工肺）

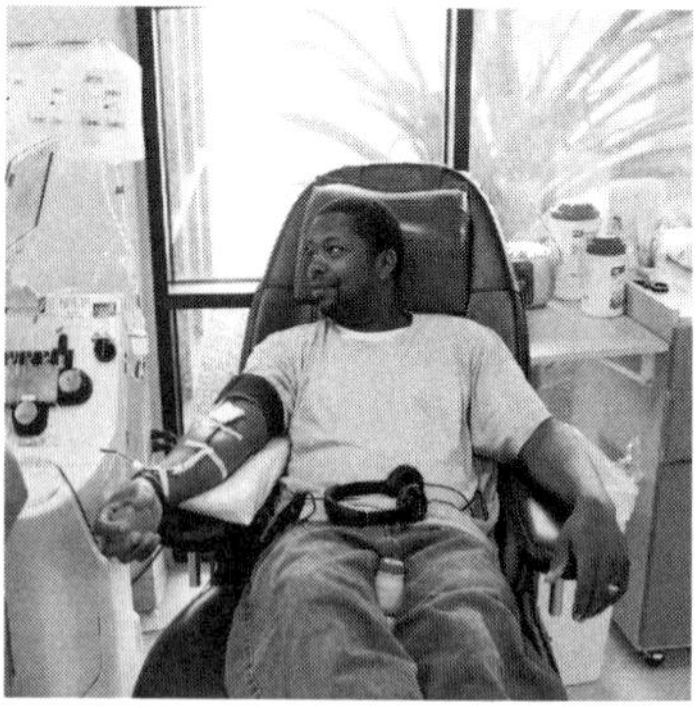

患者さんに対する思いやりの精神を大切にしながら、より質の高い輸血医療と血液・細胞治療を実現

最大の買収に。今までの輸血関連の事業に加えて、細胞治療関連製品など新たな分野に領域を伸ばした。

こうした積極的なクロスボーダー（海外企業）M&Aと、従来からの事業の成長により医療現場に貢献し続けた結果、売上高6289億円の7割、従業員2万6400名の約8割が海外というグローバル企業に。売上比率は心臓血管カンパニーが5割、血液・細胞テクノロジーカンパニーが2割を占め、点滴などの薬剤投与機器や測定器などを手がける祖業のホスピタルカンパニーの3割と合わせ、バランスのよい事業展開を実現している。

2017年からの5カ年の「中長期成長戦略」では、成長性や収益性などの目標数値は掲げているものの、数字だけが先走ることなく「患者に寄り添い、医療ニーズに応える」ということを最優先に考えている。そんな同社が求める人財は社会貢献の意欲があり、挑戦心を持っている人。同社はビジネスと直結して社会に貢献できる企業であり、社員一人ひとりの創造性を発揮して仕事に取り組むことで社会を変えることができる。感染症との戦いで誕生したテルモ。ポストコロナの時代も世界中の人々の命と健康を守る「盾」として社会に貢献していくことだろう。

●長寿の秘訣

「医療を通じて社会に貢献する」というぶれない企業理念が医療現場の求める先端製品をいち早く世の中に送り出す原動力となり、同社の成長を支えてきた。2000年代に入ると積極的なM&Aで事業領域を広げると同時に、グローバル展開にも成功。2019年に制定した「コアバリューズ」では、Respect（尊重）、Integrity（誠実）、Care（ケア）、Quality（品質）、Creativity（創造力）という世界中のアソシエイトをつなぐ共通の価値観を掲げ、事業や地域を超えたグループ総合力を強化している。コロナ禍で不急の検査や手術が延期されるなど製品によって好不調がある中、事業分野を広げ、幅広く医療現場に貢献することで、外部環境の変化に負けない強靭な体質となっている。

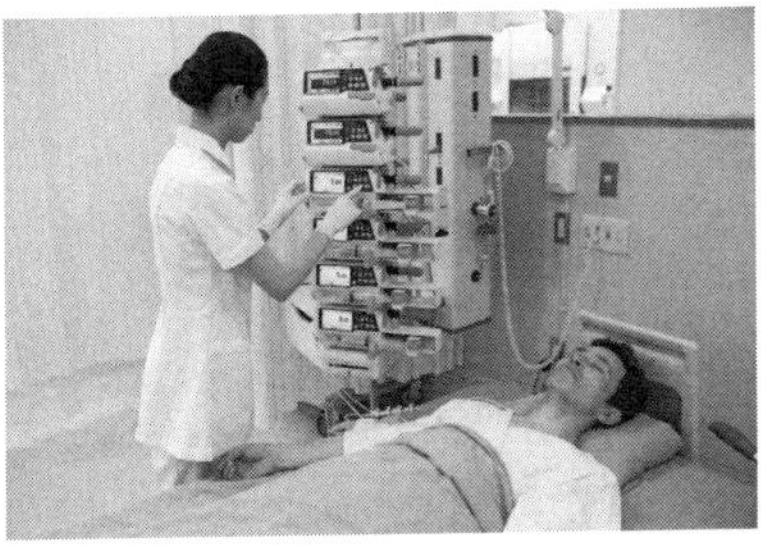

医療の質向上と医療現場の効率化に貢献する製品を幅広く展開

●会社概要

創　業：1921（大正10）年9月
設　立：同上
所在地：東京都渋谷区幡ヶ谷2-44-1
事業内容：医療機器・医薬品の製造販売
資本金：387億円（東証1部上場）
社員数：26,400名（グループ）

URL：https://www.terumo.co.jp/

業容拡大の局面を迎えたプラスチック成形の草分け

天昇電気工業株式会社

代表取締役社長
石川　忠彦 氏

石川忠彦社長が名刺を差し出すと、「電気工事関係の会社ですか?」とよく聞かれる。天昇電気工業株式会社という社名から、わが国プラスチック産業の草分け企業と想像できる者はいない。1936(昭和11)年、創業者の菊地五郎氏が電気絶縁材料の製造販売で個人創業、発祥から100年と言われるプラスチックを創業当時から扱い、戦後は国内初のプラスチック製ラジオを販売するなど、多くの家電製品を手掛け、1961年に東証二部上場。ところが、バブル期に株式買い占めの標的にされたのに始まり、相次ぐM&Aと筆頭株主の交代、さらにはシャープの液晶戦略に追随した巨額投資の躓きなど、戦後の日本を象徴するような波乱万丈の歴史を刻んできた。

◆国内完成車向けのTier1取引を一気に拡大

「幾多の苦難を乗り越えられたのは、当社に備わる高い生命力。プラスチッ

経営理念

「ものづくりを通じて　豊かな社会を創造しよう」

クに関する確かな技術力と、創業80年に及ぶのれんのおかげ」と語るのは、2013年に三井物産から同社社長に転じた石川社長。もともと草分けとして、プラスチックのことなら他社に負けない高い知見とノウハウを有し、設計開発から金型の設計製造、成形に加えて塗装、組立に至るトータルな顧客対応力を持つのが強み。石川社長が率いる新生天昇電気は、これまで取引実績のほとんどなかった自動車業界に軽量化を切り口に売り込み、相次ぎ受注を獲得してきた。

驚きなのが、ほぼTier1（1次下請け）取引であること。家電や一般産業向けの樹脂成形を手掛けてきた同社は、自動車業界では外様であるがゆえの業界にはない発想とアイデアで、部品の樹脂化を次々に提案。さらにはケーレツとは無縁の独立系の立ち位置で、すべての日系完成車メーカーを取引先に引き込んだ。「上場して60年の信用力と家電分野での長い実績があればこそ」（石川社長）。いまでは自動車関連の売上が約60％を占め、ここ数年の同社の業績拡大を牽引していくのは明らかだ。

医療廃棄物専用容器「ミッペール」

雨水貯留浸透施設「テンレイン・スクラム」

◆独創的な自社製品で売上３００億円へ

「家電ＯＡ機器に始まり、オフィス家具や自動車に至るまで、有難いのが、多様な産業分野の大手一流企業が顧客の大半を占めること。要求はどれも高く、その内容はさまざま。その分当社は鍛えられた」（石川社長）と言う。業績を着実に伸ばす傍らで、大胆な社内改革にも着手。ロボットやＩｏＴなどのデジタル技術を用いた生産革新活動を推進するとともに、新卒だけでなく中途採用を積極化し、企業体質の一段の強化に動いている。

「これから一気に攻勢を掛けていく。まずは前期１８３億円の売上を３００億円に引き上げる」と、今後の目標を掲げる石川社長。カギを握るのは、続々とヒット商品が生まれている自社製品。雨水貯留浸透施設「テンレイン・スクラム」は、石やコンクリートに代わり駐車場などの下に設置する樹脂製の浸水対策製品で、工期の大幅短縮効果で需要が急増しているほか、医療廃棄物専用容器の「ミッペール」は、液漏れや注射針の貫通を防げる安全と環境配慮型商品として注文が増えている。２０２０年9月には、約20億円を投じて、これら自社製品の専用工場を立ち上げ、数年後に自社製品の売上比率を3分の1に引き上げる計画だ。波乱万丈の天昇ワールドはいま、確かな上昇の場面に差し掛かっている。

●長寿の秘訣

昭和、平成という時代の動きに翻弄されながら、プラスチックの製造については妥協せず確固とした技術を磨き続けた。石川社長が「生命力」と表現する同社の力の根源は、現場に宿る高いプロ意識と、個々のポテンシャルに違いない。「もっと自信を持っていい」。社員に向けたトップの掛け声は、創業100年を目指して反転攻勢に打って出る狼煙の意味を持つ。楽しみな会社、楽しそうな会社。変化に富んだ天昇電気は、その歴史も未来も面白い。

矢吹工場に新設した自社製品の工場棟

●会社概要

創　　業：1936（昭和11）年5月
設　　立：1940（昭和15）年9月
所 在 地：東京都町田市南町田5-3-65　天幸ビル17
事業内容：プラスチック製品の設計・製造・販売（自動車樹脂部品、照明、事務機器、OA機器、感染性医療廃棄物容器、導電性プリント基板収納ラック、液晶TV、物流産業資材、通い箱等）、プラスチック金型の設計・製造・販売
資 本 金：12億800万円（東証2部上場）
売 上 高：183億5,100万円（2020年3月期）
社 員 数：約550名（2020年3月現在）

URL：https://www.tensho-plastic.co.jp/

種子の発芽研究まで踏み込んだ法面緑化のパイオニア

東興ジオテック株式会社

1956年に、吹付機械を活用した各種工事を営む東興建設株式会社として設立され、2006年にGWA（現高松コンストラクション）グループの一員に。2010年にはみらいジオテック、大和ロックと合併、東興ジオテック株式会社に称号を変更した。2020年度の売上高は240億円。官公庁・NEXCO等の公共系を中心とする土木部門と、製紙会社、製鉄会社や電力会社向けのプラント設備工事を営むCE部門の2つの事業部門を持つ。瀬高末広社長は「両輪の事業があるので企業環境に左右されにくい」と説明する。

主力の土木工事部門の大半は、斜面を安定させ、崩

経営目標／経営姿勢／存在意義

＜経営目標＞

多くのステークホルダーに「より高い満足感」を感じてもらえるような、ユニークなグッドカンパニーを目標とする

＜経営姿勢＞

経営目標達成のため、よりビッグでよりハイプロフィットなカンパニーを目指す

＜存在意義＞

自然との調和を図り「生活基盤整備」「環境保全」などの事業を通じて豊かな生活環境を創造し、社会に貢献していくことを使命とするC&Cカンパニーである

代表取締役社長
瀬高　末広 氏

壊や地すべりを防止する法（のり）面事業。道路や鉄道、治山、治水といった開発地域の斜面崩壊、地すべりや軟弱地盤への対策を施す工事だ。法面緑化では国内トップの実績を持つ。

◆吹付機の応用技術で事業拡大

きっかけは、1957年に日本で初めて吹付機を輸入したこと。主に建築物に対する吹付工事から道路法面へのモルタル吹付を拡大したが、「モルタルの代わりに芝の種子を盛土に散布したらどうかと考え、京都大学と共同開発したのが急速緑化工法の始まり」（瀬高社長）と説明する。さらに日産化学、日産緑化と共同で、盛土だけでなく岩盤などの無土壌地も緑化できる工法（現在の植生基材吹付工）を約20年かけて開発し、同社の緑化事業は一気に拡大した。

当時は外国産の芝のタネを輸入し法面に吹き付けていたが、その後は、業界に先駆けて国内で採取した在来種のタネを使用した法面の樹林化を事業化した。さらに自社でタネの貯蔵から発芽試験までを行う体制を確立。1996年に開設した日本樹木種子研究所でタネの貯蔵方法や発芽試験を繰り返し、独自開発の「早期発芽力検定法」をはじめとする特許技術を打ち立て、ついに法面にタネを播いて木を茂らせる工法に道を開いた。

日本で初めて輸入した米国製吹付機

◆地中事業や法面事業および耐火材でも独自技術

地中事業でも独自技術を有する。特に既設構造物など

災害跡地の斜面樹林化工法（施工 12 年 6 ケ月後）

の近接工事に、全方位高圧噴射による地盤改良が可能な「ＭＪＳ工法」は、地下鉄工事など水平方向の施工で用いられるメイン工法だ。さらに公共物等の経年劣化による補修需要の拡大を踏まえ、リフォーム事業を中心とする補修分野で事業拡大を目指す。一方、ＣＥ部門では、プラント設備工事とともに、１９９０年の日米炉材製造との合併により耐火材を自社で製造。焼却炉内部の耐火材の吹付に着手し、この耐火材技術をピザ窯に応用し、組み立て式のピザ窯も販売している。

瀬高社長が「技術でリードしてきた会社」というように、新技術開発にも力を入れている。法面事業では、吹付作業を自動化、ロボット化の開発にも取組んでいる。

企業スローガンを全社員から募り、女性社員からの提案で「環境にやさしく品質に厳しく」を採用し、各作業所で展開している。また〝日本一きれいな現場〟を全作業所で展開しているが、発注者からの評判も良く、次の仕事につながっている。建設業界は男性職場と思われがちだが、同社には施工管理業務を希望する女性が２０２１年度は２名入社するなど女性が活躍するフィールドが広がっている。

●長寿の秘訣

同社は社会や顧客のニーズに応えていくために、新技術・新工法など先進技術を研究・開発し、常に成長し続ける企業として社会に貢献してきた。またいち早く「環境アセスメント」思想を取り入れた事業を積極的に推進。現在では「SDGs」にも取り組んでいる。新入社員はじめ若い社員や女性社員の提案や意見を積極的に活かす「全員参加型の経営」を目指すなど建設業界のなかでは風通しの良さはトップクラスだ。これからも社員一同ステークホルダーの期待に沿うよう、より良い社会づくりに邁進していく。

法面事業は技術力とブランド力で国内トップクラス

●会社概要

創　業：1956（昭和 31）年 3 月 19 日
所在地：東京都中央区銀座 7-12-7
事業内容：自然回復緑化、斜面緑化、斜面保護、地盤改良、土壌汚染対策、爆砕、保温保冷耐火、構造物補修などの設計施工及び耐火物製造販売
資本金：8,000 万円
社員数：425 名（2020 年 4 月 1 日現在）

URL：https://www.toko-geo.co.jp/

情報と技術で専門力を発揮する機械工具の専門商社

株式会社ＮａＩＴＯ

取締役社長
坂井　俊司 氏

本社正面玄関に入ると、壁一面に張り出された資格認定者の一覧が目に入る。切削工具や計測機器をはじめとする機械工具メーカーが、自社製品に関して豊富な知識を有する者としてお墨付きを与えた証しだ。「当社の強みは専門力。社員が持つ幅広い商品知識を通じて顧客に最適な提案を行える」（坂井俊司社長）。合計１０００件近くに及ぶ認定取得の数々は、株式会社ＮａＩＴＯの営業社員が、単なる営業マンではないことを指し示す。

◆取り扱いアイテムは数十万点以上

１９４５（昭和20）年、故内藤泰春氏が東京・新宿で機械工具卸商を創業、53年に株式会社内藤商店を設立した。さまざまな機械工具メーカーの品を仕入れて販売店に卸す問屋商売で業容を広げ、高度経済成長時代には札幌、大阪、名古屋といち早く全国販売網を築いたことで、国内有数の機

経営理念

私たちは、国内外の事業パートナーに「最適な商品、最高のサービス」を提供し、製造業の技術革新を通して産業全体の発展に寄与します。

械工具専門商社に成長した。現在も切削工具の取扱高は国内トップを誇るほか、機械周辺の測定工具・計測機器や産業機器、工作機械と扱いの幅を広げ、仕入先数600社、取り扱いアイテムは数十万点以上に及ぶ。

しかしながら、順風満帆の歴史ではない。2005年に岡谷鋼機の子会社となり、ほどなく訪れたリーマン・ショックでは、他社と同様に選択と集中を迫られた。伊藤潤取締役は、「それまであった生活関連商品などの取り扱いをやめ、得意の切削工具を軸に本業に専念することにした。それでも当社の持ち味を生かして、大事な得意先様や仕入先様を失うことなく、やってこられたことが大きい」と振り返る。

◆計測分野と自社ブランドで収益強化へ

事業強化の手を緩めることもなかった。2006年に岡谷鋼機とタイ合弁会社を設立したのに続き、2012年にベトナム現地法人を設立し、アジアを中心とする海外販売を本格化させる一方、国内では切削工具に次ぐ第二の柱を育成することを目的に、計測開発部を立ち上げて計測機器分野を開拓

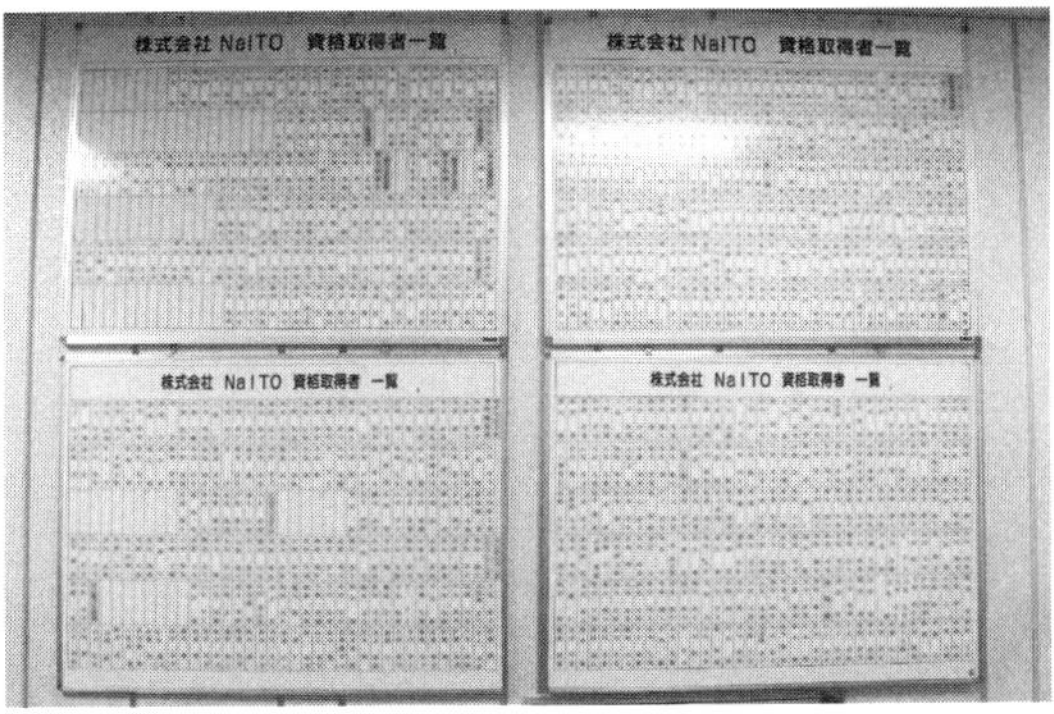

本社内に掲示しているメーカー資格取得者一覧

NR スラッジ回収装置

NR ベルトスキマー

NR 浮上油回収装置

機械・油周りの問題を解決する自社オリジナルブランドのＮＲ商品

してきた。その一環として、機械工具販社およびエンドユーザーを対象にした計測・測定に関するセミナーを開催し、加工形状や加工品質の測定・評価を切り口に加工現場の力になれるよう啓蒙を続けている。「メーカー様との共催だけでなく、当社独自で当社の社員を講師役に開くこともある」（伊藤取締役）という。金属加工にとどまらず、新たな市場開拓も進めている。もう一つは、商品開発部による自社オリジナルブランド商品（ＮＲ商品）の拡充。ベルトスキマーやスラッジ回収装置などの機械・油周り対策商品を独自に開発し、エンドユーザーのメリットに直結する製品をランナップすることで、収益力を高める戦略だ。

「商社として当然のゼネラリストでありながら、一定の専門知識も持ち合わせたスペシャリスト集団でもある」という坂井社長。専門力を前面にしたＮａＩＴＯスタイルで、令和の時代も最適なソリューションを提供していく。

●長寿の秘訣

メーカー直販やネット販売の拡大で、商社の役割が問われ始めているなか、「当社の強みは専門力」と言い放つ坂井社長の姿が気持ち良い。そこには顧客と向き合い、顧客の価値を追求してきた機械工具商としての自信とプライドがある。価格とスペック情報だけでモノが行き交う時代なればこそ、対面を軸に専門力を駆使したNaITOスタイルが際立つ。今後専門力を高めつつ、デジタルを活用したNaITOスタイルの進化が見られることだろう。

東京・北区の本社屋

●会社概要

創　　業：1945（昭和20）年12月
設　　立：1953（昭和28）年1月
所 在 地：東京都北区昭和町2-1-11
事業内容：切削工具、計測、産業機器、工作機械等の販売
資 本 金：22億9,100万円（東証JASDAQ上場）
社 員 数：連結345名、単体335名（2021年1月末現在）

URL：https://www.naito.net/

官民の環境・水処理プラント機器の戦略調達をトータルサポート

株式会社ニイミ

年間の見積もり件数は約10万件。300社以上の仕入先から顧客のニーズにマッチした製品を選び抜き、機器の購入、管理を一手に引き受ける環境インフラ・水処理インフラのパッケージ・ベンダーとして活躍しているのが、機械専門商社のニイミ。官民さまざまな環境施設・水処理施設を対象に、見積もりやライフサイクルコストなどの各種積算業務を軸にして、EPC（設計・調達・建設）コントラクターや、O&Mなどの運営・保守事業者をトータルにサポートする。いわばニイミは、環境プラントや水処理設備の新規案件から運営保守に至る大小さまざまな調達関連業務をお手伝いする会社といえる。

代表取締役社長
新実　葉耶 氏

企業理念

ハイパフォーマンス企業文化の創造
ハイパフォーマンス企業文化の実現

1. 高機能・高感度（実力とケアに満ちた営業ノウハウ）
2. 安心・安全（明朗なお取引）
3. 充実の IT 装備（サービスの最高品質を追及）
4. グループパワー（一体感のある営業構造）
5. 自己実現の環境（個の力の躍動）

◆見積もり&積算を軸に最適なシナリオを提案

1927（昭和2）年、創業者の新実英一氏が、名古屋市でガス管用工事機器の修理業を開始したのが発祥。戦後の復興期を乗り越えて1962（昭和37）年、新たに株式会社新美製作所を設立し、現在のニイミの原形が作られた。ガス会社向けの機器修理、機器販売とともに、同じ公共財として環境・水関連の機器販売に進出し、高度成長期は都市ガスや上下水道、設備機器の機械専門商社として成長。現在は、ポンプ設備や送風機、汚泥脱水機、計装機器をはじめとする環境プラント向け機器や水処理関連機器のビジネスが、売上の約9割を占める。現在、事業本社は東京本社へと移管し、東京本社を軸に会社が運営されている。

4代目となる新実葉耶社長は、「単に商品を納めるのではなく、顧客に有益なシナリオを提案することが大切。高い商品知識のほか、業界経験、業務ノウハウを土台にした対応力、提案力が当社の強み」と解説する。例えば、「こんな予算と納期で製品を選定し、納入してほしい」とか、「あらゆる段階に応じた積算業務をやってほしい」といったEPCの煩雑な課題に寄り添い、解決に導く。ときには丸投げに近い依頼案件もあるが、「小回りNo・1。プラント機器の見積もり屋さん」をキャッチフレーズに、顧客の厚い信頼を獲得してきた。

下水道展に出展の様子

新オフィス竣工記念パーティ

◆運用＆保守ソリューションを積極化

とはいえ、環境プラント・水処理プラントをはじめとする新規の社会資本整備は一巡し、民間の新規プラント投資も減少基調にある。「現在、国内には、例えば下水処理施設ですと、２２００～２３００カ所あると言われるが、今後は広域化や統合化が進むとともに、機器の延命化ニーズが強まる」（新実社長）と見ており、今後は新規案件の調達業務とともに、オペレーション＆メンテナンス（Ｏ＆Ｍ）分野を強化し、機器の上手な生き伸ばしを見据えた提案型のソリューションを積極化する。緊急調達などに即応した機器部品の「パーツ・レスキュー・サービス」も明確化し、Ｏ＆Ｍ事業者向けの機器部品の調達サポート事業を拡大する方針だ。

近年は、年商40億～50億円規模で、毎年着実に収益を積み上げ、高い自己資本比率による強固な財務体質を築いた。金融機関との関係も良好である。「先代や先々代の時代から、自分たち創業家の薄給を厭わず、会社を太らせ強くすることを優先してくれた」と、語る新実社長。

新型コロナで厳しい局面にあるものの、社会インフラを支える公共性・公益性の高い役割を果たすため、より社会・業界から求められる会社に変貌させるべく、Ｍ＆Ａを含めた力強い未来戦略を思案している。

●長寿の秘訣

東京本社のオフィスは、次世代を見据えた、クリエイティブで生産性の高い職場環境の構築を目的に、1 年半の構想を経て、2020 年 3 月に大型設備投資を実施。機能性の高い海外製の什器を多々積極導入し、本格的にリニューアル。不透明な経営環境にありながら、昨春 (2020 年 3 月) は前年度の増益の達成を労う目的で、成果に優れた多くの社員に総額 400 万円の報奨金を出している。「打たれ強い人でないとウチの仕事は務まらい」とシビアに言う一方で、社員全員の活躍を素直に喜び、社員ファーストで社員に対する「ケア」を何度も口にする。社員数は 45 人。だが大切にされる社員の力は無限大。中小企業ならではの強さの秘密が、ここにある。

2020 年 3 月末 東京本社 新オフィスでの竣工記念パーティ

●会社概要

創　　業：1927（昭和 2）年 4 月
設　　立：1962（昭和 37）年 4 月
所 在 地：東京都中央区日本橋茅場町 2-3-6 宗和ビル 2 階
事業内容：【環境プラント・水インフラ支援事業】
水処理機器・エネルギー機器の販売（選定・調達サポート・納入）
【ガスインフラ支援事業】
ガス関連プロジェクトの資機材の販売（選定・調達サポート・納入）
資 本 金：5,400 万円
社 員 数：45 名（2019 年 4 月 1 日現在）

URL：https://www.niimi.co.jp/

「つくる」の先をつくる超硬小径エンドミルのトップメーカー

日進工具株式会社

代表取締役社長
後藤　弘治 氏

企業理念

明るく、楽しく、創造をしよう

「ハイス（高速度鋼）エンドミルはやめて、得意とする超硬小径エンドミルに特化しよう！」。

バブル崩壊で経営悪化が深刻化するなか、生き残りを賭けて日進工具はこう決断を下した。主力製品の一つであるハイス製品の製造販売を打ち切り、超硬の小径（刃径6㎜以下）エンドミルに絞る戦略転換だ。撤退を決めたハイス製品には現社長の父が開発し、同社ブランドを引き上げた「パワーエンドミル」も含まれた。「売れているのになぜなんだ？」。社内外の猛反発にも屈せず進路変更を断行する経営陣。これがのちの日進工具の躍進につながった。

◆刃径0・01㎜、驚異の切削工具

現在、超硬小径エンドミルで国内トップシェアを誇る日進工具。エンドミルは、工作機械に取り付けて金属等の素材から直接部品を削り出す切削工具だが、

同社は、バブル崩壊を機に精密・微細加工に用いる超硬小径エンドミルに特化している。当時、取締役で現社長の後藤弘治氏は、「ハイスは大手の競合がひしめき、勝ち目はなかった。モノが小型化していくなか、金型や部品加工も微細化していくと見定め、小径工具に活路を求めた」と解説する。

一度決めたら、トコトン突き進むのが同社流。切削による精密・微細加工の需要を丹念に開拓するとともに、超硬小径エンドミルの一段の小径化を加速した。1997年、まずは刃径0・1㎜以下の製品開発に挑戦し、苦労の末に0・05㎜の刃径を製品化。次に0・03㎜、2007年には0・01㎜という髪の毛に字が彫れるほどの驚異の微細刃物の開発を成し遂げる。量産化に向けた技術も半端ではない。「市販の研削盤では製品公差3μm程度の精度しか出ない。だから市販品の内部を徹底的に検証するとともにトライ&エラーを繰り返し、ミクロン刃径の量産をモノにしていった」（後藤社長）という。

同社の読み通り、自動車、家電、さらには携帯電話をはじめとする微細加工ニーズが年々拡大し、設備の内製効果も相まって、同社の業績は急成長。財務体質を着実に改善させつつ、1998年に仙台工場への生産集約を完了させる一方、2004年にジャスダックに株式上場、2017年には東証一部上場を果たし、「N

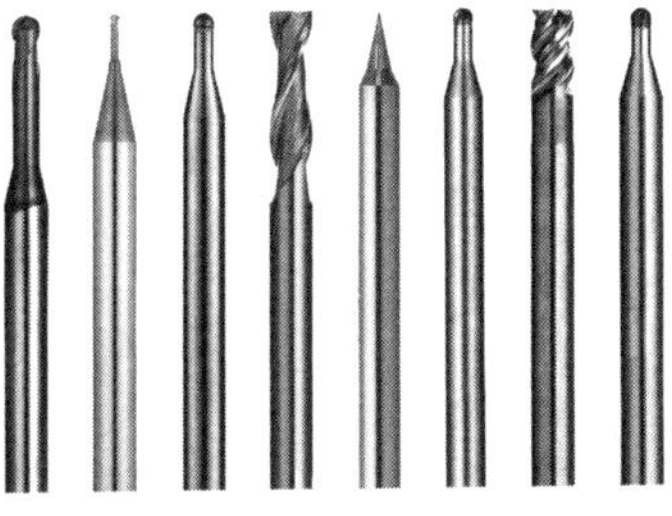

超精密加工を支える超硬小径エンドミル

開発センター外観

S TOOL」ブランドのもと、業界屈指のポジションを獲得するまでになった。

◆つねに市場の先を行く

現在、刃径0・01㎜のエンドミルを標準品として製品化しているのは同社だけ。世の中の製品の小型化に伴い、精密・微細加工ニーズが進展したものの、実際のオーダーが来るのは0・03㎜までという。後藤社長は、「顧客のニーズに合わせて開発するのでは遅い、市場の流れを読み取り、市場の先を行く戦略が不可欠」と強調し、今後もさらなる小径化の取組みを続けていく方針を掲げる。その表れとなるのが、総工費13億円の次世代を見据えた新施設「開発センター」。建屋を免振・制震構造とし、ミクロンレベルの刃径工具を研究開発する際の支障となる振動をできる限り取り払い、更なる精密・微細製品を開発できる環境を整えた。

2019年3月期の売上高（連結ベース）は100億円を突破したが、2020年3月期は95億円に止まった。後藤社長は「売上は求めない。あくまで超硬小径エンドミルを軸に、高付加価値製品に磨きを掛ける」と、きっぱり。5G通信によるIoTの世界が見えてきたいま、精密・微細加工を実現する超硬小径エンドミルの出番が一段と広がるのは確実だ。

●長寿の秘訣

競合先と市場の流れを見極め、将来に向けたレールを定めること。超硬小径エンドミルへ特化した同社の戦略転換は、まさにこの成功事例と言える。だがもう一つの隠れた要因は、同社が大手素材会社系列の工具メーカーではなく、非力な独立系メーカーであったこと。自社の素材を用いる大手にとって、工具の小型化は金属素材の使用量減少につながる。だから小径市場に大手は出て来られない。こう看破し、自社のポジションを逆手に取った決断と行動は、規模では勝てない劣勢な企業の大きなヒントになるだろう。

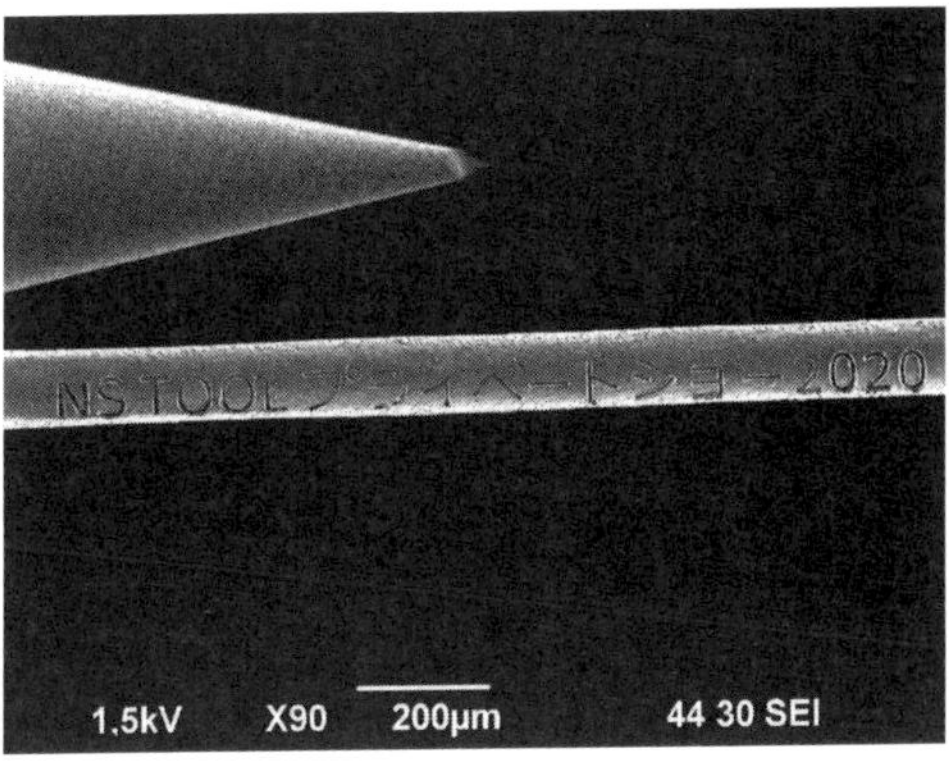

マイクロ工具の先端と髪の毛に彫った文字

●会社概要

創　　業：1954（昭和 29）年 12 月 1 日
所 在 地：東京都品川区大井 1-28-1 住友不動産大井町駅前ビル 6F
事業内容：金型及び部品加工向け超硬エンドミル等、切削工具の製造販売
資 本 金：4 億 4,437 万円（東証 1 部上場）
売 上 高：95 億 3,103 万円（2020 年 3 月期　連結ベース）
社 員 数：338 名（2020 年 3 月期　連結ベース）

URL：https://www.ns-tool.com/ja/

電子計測器で国内最大のシェアを誇る独立系専門商社

日本電計株式会社

次世代通信規格の5GやIoTによりデジタル社会の進展が加速するなか、最先端の製品や新技術開発に欠かせないマザーツールがある。電圧・電流・電力から、電磁波、音、光、色、振動などをチェックする電子計測器だ。この分野で国内最大の販売シェアを持つのが、独立系専門商社の日本電計。約5000社、数万種に及ぶアイテムを扱い、電機関連のほか自動車、建設、宇宙、通信関係など多様な提供先を持つとともに、電子計測器だけでなく科学・光学・精密機器、環境・試験機

代表取締役社長
柳　丹峰氏

企業理念

1. 顧客企業の喜びを通して、その一層の発展に貢献する、信頼されるエクセレントパートナーになる
2. 公正にして明朗な社会の実現に向けて、尊敬されるベスト・コンプライアンス（法令遵守）カンパニーになる
3. 地球環境の回復と維持保全を図る、生きている地球のグリーンパートナーになる
4. 最先端技術の発展と新製品の開発・生産に寄与できる、ボランティア（自発的貢献）・グローバルカンパニーになる
5. 活力と企業価値を高め、社員にとって働き甲斐のある、健全経営のヘルシーカンパニーになる

器などの試験・計測器を幅広く販売し、2020年に創業70周年を迎えた。

◆3つの強みで圧倒的なプレゼンス

「国内49拠点、国外47拠点の圧倒的な販売ネットワークが、当社の第一の強み。迅速な顧客対応が可能だ」と語るのは、1992年日本電計に入社した柳丹峰社長。戦後間もない創業期は、秋葉原で大学の研究室に電子計測機器等を販売し、高度成長期になるとオシロスコープなどの電子計測器で大手電機メーカーとの取引を拡大、1991年の株式店頭登録を経て2004年にジャスダック上場を果たした。「永年培った信用力が2番目の強みだが、3番目はいち早く海外展開に乗り出したため、グローバルに力を発揮できること」（柳社長）。大手電機メーカーの海外進出に伴い、1990年に初の海外支店を開設、以降も中国・アジアを中心に拠点整備を続けてきた。自動車をはじめとする電子計測の需要は世界的にも高まることから、柳社長は「今後は欧米や南米、ロシアなどの拠点整備を進めて、2030年には国内と海外の売上比率を半々に持っていきたい」という。

JARIにて（歩行者安全規格試験）セミナー開催

規格認定唯一のソフトカー代理店

◆「コト」を提供するビジネスを強化

もう一つ、同社を特徴づけているのが、単にモノを売る商社機能に留まらず、サービスを売るビジネス形態を強化してきたことだろう。例えば、先進運転支援システム（ADAS）市場に向けた自動車安全試験設備への取り組み。ADASのシステム開発に必要な車両プラットフォームなどの試験装置の販売や技術サポートを実施しているほか、日本自動車研究所（JARI）の城里テニスコートを使い、ADASの開発要求に対応できる試験サポートを開始する。「5Gや新エネ自動車、ADASなど、国内外で電子計測の需要は一段と拡大するのは確実で、当社の活躍の場も広がるはず。そのとき『モノ』だけでなく、『コト』を提供していくテクニカル&ソリューションの姿勢が大事になる」（柳社長）と強調する。

このため人材の育成にも余念がない。優秀な社員を会社の学費負担で大学院まで通わせるケースもあるほか、グローバル人材の育成に向けて10年前から1年間の海外研修制度を導入、最近は平均年齢が下がっているそうで、ハイテク産業の電子計測を舞台にバイタリティー溢れる同社の活躍が見られそうだ。

●長寿の秘訣

かつて電子計測器の最大の売り先は、家電を軸にした国内の電機業界。バブル崩壊以降、日本メーカーが地盤沈下を続けるなか、日本電計は巧みに商材を広げ、顧客を広げ、海外に販路を開拓してきた。ニッチ市場の独立系であるがゆえ、挑戦の繰り返しがあったことは想像に難くない。圧倒的なネットワークで得た情報と知識を生かし、試験受託などのサービス事業をも手掛ける同社は、テクニカル商社と呼ぶにふさわしい変貌を遂げた。

本社 (ND ビル) 外観

●会社概要

設　立：1950（昭和 25）年 9 月 4 日
所 在 地：東京都台東区上野 5-14-12　ND ビル
事業内容：電子計測器・各種システム機器・電子部品などの販売製造およびリース業務・レンタル業務
資 本 金：11 億 5,917 万円（東証 JASDAQ 上場）
社 員 数：531 名（2020 年 3 月末現在）グループ総員 1,069 名

URL：https://www.n-denkei.co.jp/

「誠実と躍進」で一世紀企業を目指す

平野鋼線株式会社

代表取締役社長
平野　善彦 氏

自動車、家電、通信機器、宇宙航空機、医療機器といった高度な品質が要求される分野から、ボールペンやシャンプーポンプなどの日用品に至るまで、私たちの身の回りにある製品の中にはあらゆる所に〝ばね〟が使われている。平野鋼線はそんな幅広い分野に欠かせない高機能な金属材料販売に強みを持つ卸売業者だ。

「誠実と躍進」という創業以来の教えを守って仕入先や販売先との良好な関係を築き上げ、国内の約1000社の取引先にばね用線材を中心とした鉄鋼二次製品を提供するほか、取引先の海外進出に応じてタイや中国、メキシコなど海外へも販路を広げている。

◆買わせて頂く。売らせて頂く。

同社の創業は1939年。「祖父の平野善次郎が新潟から出稼ぎに出て、問

社訓
誠実と躍進

屋の丁稚から独立してばね材卸売業を始めた」と三代目の平野善彦社長は明かす。ゼロからの創業に当初は取引先の開拓に苦労した。誠実な商いを地道に積み重ね一軒ずつ仕入先や販売先を増やしていった。

鉄鋼製品の卸売業者は、鉄鋼メーカーからまとめて買い付け、様々な分野の金属加工メーカーに「必要なものを・必要な時に・必要なだけ」販売する。そのため同社では、特殊鋼・普通鋼などの鉄鋼製品に留まらず、伸銅品などの非鉄製品まで幅広く多種多様な金属材料を取り扱う。

両者を中継ぎする卸売業社は「買わせて頂く。売らせて頂く。という誠実な姿勢が大切」と平野社長は言う。

また、顧客の要望や用途に応じて線材を真っ直ぐに矯正し、要求寸法にカットする〝直線加工〟の技術にも優れる。同社には直線加工の技術者が25人いるが、線径や材質は勿論のこと、気候にも左右される繊細な調整には熟練の技術を要する。「ただ販売するだけではなく、職人を育て、さりげないサービスを加えて高品質な直線加工製品を安定的に提供す

(1939年) 墨田区菊川にて創業

(1959年) 墨田区亀沢に移転

（2018年）埼玉幸手センター設立　左より工場棟、倉庫棟、事務所棟

る」（平野社長）。そんな誠実な姿勢が同社の取引先の広がりを支えている。

◆取引先と共に世界へと躍進

同社には国内で10カ所の営業拠点があり北は北海道から、南は九州までの取引先をカバーしている。

また、2018年には埼玉県幸手市に物流センターを新設し、在庫の有効活用と物流改善を実現した。

その一方で、同社は、タイ、中国、メキシコにも進出している。グローバル化の流れを受けて、1980年代から日本の自動車メーカーや家電メーカーの海外現地生産の動きが活発化、それに伴い同社の取引先も海外拠点を増やすようになった。そして、それらの取引先からの要望に応えるため、同社も海外での拠点を設け、グローバル化に対応しているのだ。「『誠実と躍進』という初代からの教えを守り、ここまでやってきた」と語る平野社長。同社は取引相手への誠実な姿勢を貫き、今、取引先と共に世界へと躍進を遂げている。

●長寿の秘訣

平野鋼線では「誠実と躍進」という創業以来の社是を大切にしている。「創業者がゼロから取引先を開拓した苦労があったので、今の私たちがいる」と語る三代目の平野善彦社長。仕入先と販売先の間を取り持つ卸売業だからこそ、「買わせて頂く。売らせて頂く」という誠実な姿勢が欠かせないと言う。東日本を中心に国内に約1000社の取引先を有し、取引先の海外進出に伴う要望にも応じる誠実な姿勢が同社の躍進の原動力と言える。

2018年設立　埼玉幸手センター内　工場棟

●会社概要

創　業：1939（昭和14）年3月
設　立：1951（昭和26）年11月
所在地：東京都江東区亀戸2-18-10
事業内容：ばね用材料、各種金属材料、エレクトロニクス関連素材、農業資材、道路建設関連資材、ばね加工関連機材および部品の販売
資本金：1億円
社員数：105名

URL：https://www.hirano-steel.com/

棒材から精密な金属部品を削り出す旋盤を極めた会社

富士精器株式会社

代表取締役
藤野　雅之 氏

東京都目黒区の閑静な住宅街に本社工場を構え、精密部品の製造を手掛ける富士精器。旋盤による金属切削加工に優れた同社は、複合5軸NC旋盤やマシニングセンターを巧みに使って棒状の材料を回転させながら削り、大小さまざまな形状の精密部品を作り上げる。工場が都心に近いので取引先からの要望も迅速に応えられる利便性に加え、複雑で高精度な切削を要する金属部品の加工が可能で、寸分の誤差もない製品精度に定評がある。そんな旋盤の技術を極めた会社だ。

◆旋盤を極めて、多品種小ロット～中ロットの精密加工へ

「創業は1936年2月26日。ちょうど二・二六事件の日。祖父が電気部品の旋盤加工業を始めた」と三代目の藤野雅之社長は明か

社是・理念

〈「トリプルR」の行動指針〉
【Respect】（私たちは常に）他の人の思考・感情・経験に敬意を払います。
【Real】（私たちは常に）本音で意見を出し合って最善の道を導き出します。
【Relationship】（私たちは常に）よりよい人間関係作りに力を注ぎます

す。戦時中には中島飛行機の直属工場となり、戦闘機「隼」の部品も製造。戦後、高度経済成長になると自動車部品の製造を開始した。だが、大量生産による低価格化は追わず、1980年代にはNC旋盤を導入し、多品種小ロット～中ロットの精密機械部品の製造工場へと舵を切った。

この決断が「旋盤を極める」（藤野社長）という同社の姿勢につながった。同社では、ステンレスやチタンなど、加工が難しい難削材を扱い、Φ20㎜からΦ100㎜を超える大型の棒材まで対応する。通常、旋盤加工では輪切りにした材料を加工するが、同社では長い棒材から連続加工するため、加工精度も高く、コストも抑えられる。棒材のΦが大きいほど削り出せる部品も大きくなり、複雑な形状でも製作が可能だ。また、旋盤を極めた同社の加工技術は、半導体部品などの高い精度が要求される製品にも対応が可能だ。その上、自動車部品で培った品質管理手法によって同社では、量産時の品質を試作品と同じレベルに維持できる。こうした技術の蓄積により、今では、半導体、精密機器、医療機器、工作機器、航空機など、精密な金属部品の加工を幅広い分野から請負っている。取引先のニーズを常にベストな方法でかたちにすることを追求してきたことで事業を継続出来た（藤野社長）

1959年当時の工場　創業者
藤野秋之助が仕事を教えている様子

本社工場（東京都目黒区）

最新の複合5軸NC旋盤
などの加工機が並ぶ

◆モノづくりは人づくり

だが、技術の向上には人が欠かせない。実際、初めての形状の加工には課題が多く、旋盤で複雑な形状の部品を削り出すには、どの角度からどういった手順で素材に刃を入れればよいのか、悩みは尽きない。そこで同社では「〝初物打合せ〟と呼ばれるミーティングを開催し、営業・製造・品質保証など、それぞれの担当者が集まって知恵を出し合い、完成までの見通しを立てる」（藤野社長）。また、通称、〝富士学校〟という講座を休日に開催し、ベテラン技術者が若手に技術を伝承。会社の機材を使って若手が技術を自主的に学んでいる。

同社には人間関係におけるトリプルRという行動指針があり、リスペクト（尊敬）、リアル（本音）、リレーションシップ（関係）という3つのRを大切にしている。「モノづくりは人づくり」と語る藤野社長。人を育てる同社の姿勢が旋盤技術を際立たせ、高い精度のモノづくりを可能にしたと言えるだろう。

●長寿の秘訣

旋盤の工場にはめずらしく、住宅地にある富士精器。「モノづくりは人づくり」という藤野雅之社長の考えに沿って、地域の人々との関係も良好だ。工場見学に毎年、地元の目黒区の小学生を受け入れ、社員たちと小学生がふれ合う場となっている。地元の子供たちから「富士精器のおじさん」と親しまれる藤野社長。これまでに1万人近い子供たちの見学を実現した。目黒区から感謝状も受けた同社は、教科書の副読本にも紹介されている。地元からも愛される企業だ。

代表3世代
右現社長3代目：藤野 雅之・中央：2代目：藤野 信明・
左：次期社長4代目：藤野 開斗

●会社概要

創　　業：1936（昭和11）年2月
設　　立：1959（昭和34）年5月
所 在 地：東京都目黒区碑文谷1-12-15
事業内容：NC複合旋盤・マシニングセンターによる金属切削加工
資 本 金：1,200万円
社 員 数：18名

URL：http://www.fujiseiki.co.jp/index.html

商社機能と工場機能を融合した「ものづくり商社」

フジモリ産業株式会社

代表取締役会長兼社長
藤森　行彦 氏

紙製の円形型枠材の「フジボイド」。コンクリート内部に円形空洞や丸柱が作れる建築部材として、1956（昭和31）年発売し同社飛躍のきっかけを築いた画期的な製品だ。接着剤で重ね合せた紙を螺旋状に巻き上げる独創技術は、次々と派生系の新製品を生み出し、やがて鋼板を螺旋状に巻いて高い強度を保つ空調ダクトへと発展を遂げ、今では自在に空間を演出するフレキシブルなダクトや企業広告も印刷可能な素材を用いたダクトなど多様な機能や素材を持つダクト製品を取り揃える。矢島匡顕取締役事業推進部長は、「他社にはない新しい商品を開発していこうというマインドが、創業時からの当社のポリシーであり成長の原動力になっている」と強調する。

◆新商品開発を生み出し続けるDNA

1951年に、藤森工業株式会社の建材・土木用資材販社として設立され、

経営理念

人と、技術と、情報と。すべてはお客様のために。

アスファルトの床材「アスタイル」の販売で事業をスタートした。フジボイドのほか螺旋鋼管ダクトの「フジスパイラー」、ビル用煙突の「ハイスタック」など周辺商品の開発を積極化。1968年に同じ藤森工業傘下の樹脂製品商社であった弥生商事と合併、建材・土木、化成品の3事業体制を確立した後も、新商品を開発するDNAを継いできた。今なお建材商品の多くを自社生産する一方、特許を中心とする知的財産権は164件を数え、建材と樹脂の領域でメーカー機能と商社機能を合わせ持つ「ものづくり商社」として、独自のポジションを獲得している。

商品開発の多くは、現状に満足しない一歩先を行く顧客本位の発想による。例えば、現場の人手不足や工期短縮を踏まえたワンタッチで接続できるダクト製品や省力化や作業効率の改善に貢献する軽量ダクトなど。営業が現場で起こっている問題を発見することで、顧客の要望を十分理解し、また自ら発想し顧客の課題解決に挑み、新たな価値を提供している。

モノづくりだけでなくビル用煙突の設置に伴う気流解析や断熱計算などの解析サービスも展開し、フジモリ産業の社員が建設現場の住民説明に赴くこともあるという。

◆問題解決人材を目指す社内改革

こうした主体的な動きは、約15年前から全社的に取り組んでいる問

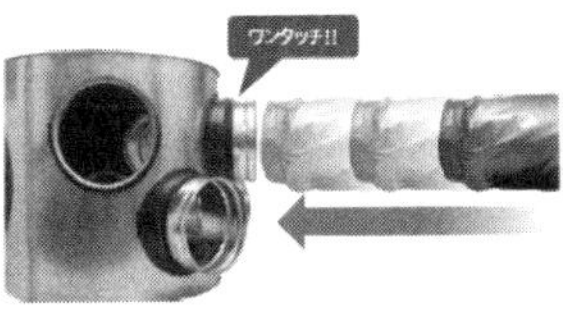

F-ONE™タートル®チャンバー工法

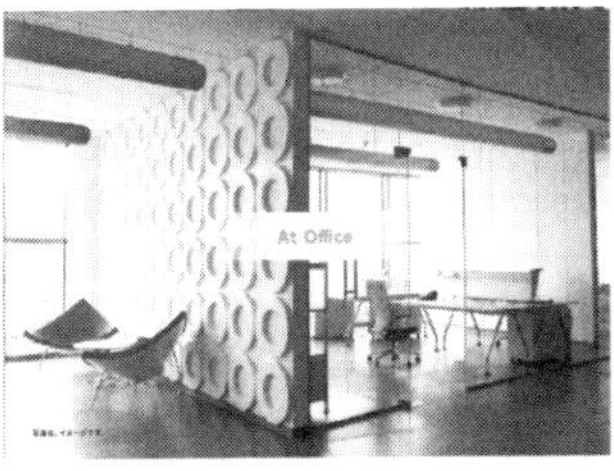

ノンネン®ファブリックダクト

題解決型人材の育成によるところが大きい。改革を主導した矢島取締役は「もう一段の飛躍を目指すためには、社員に自信と力を持ってもらうことが大事。何事も主体的に問題解決できる人材を旗印に、事業部単位で改革のプロジェクトチームを作り全社に波及させていった」と説明する。やがて縦割り意識が取り払われ、組織を横断した活発な意見交換と情報共有が進み、社内に活気が満ち始めた。「ようやく当社の文化として定着してきた」（同）という。直近まで7期連続で増収増益を達成し、一連の社内改革によって同社が新たな成長軌道に入ったのは確かだ。

関東工場（茨城県）

トンネル防水シートで強みを持つ土木部門が、高品質で長期耐久性を必要とするコンクリート構造物を養生するため保水テープの開発や施工管理をより正確かつ効率的に行うためのICT機能を搭載した施工管理システムの提案を開始するほか、化成品部門において医療機器などで使われる滅菌包装材料の開発や従来のプラスチックパッケージに現代の技術を融合し環境に優しいパッケージ作りに取り組んでいる。

「さらに建材商品に樹脂を使うとか、3つの事業体を融合させた展開を進める」（同）方針で、2月、社員の更なる知的生産性向上を目的に本社を新宿に移転し、働く環境もしっかり整えた。創業100年に向けたフジモリ産業の快進撃が始まりそうだ。

●長寿の秘訣

建材、土木、化成品の３分野で、創業以来、他社にはない新商品を次々に提供してきた。あっと言わせるような商品はなくても、顧客が喜び、顧客の課題を解決する製品を貪欲に送り出す同社の姿勢は、時代を超えて支持された。リスクを恐れ、受け身になりがちな時代にあって、創業時の精神が受け継がれているのも、現状に甘んじない不断の改革努力と高い挑戦意欲の賜物。フジモリ産業のような活力あふれる企業が、令和の時代を切り拓く。

70th

1951 - 2021

FUJIMORI

ANNIVERSARY

70 周年ロゴマーク

●会社概要

設　　立：1951（昭和 26）年３月
所 在 地：東京都新宿区西新宿一丁目 23 番７号新宿ファーストウエスト 10 階
事業内容：1. プラスチック原料・製品並びに関連機械の国内販売及び貿易
　　　　　2. 建築・土木工事用資材の製造・販売並びに工事
資 本 金：３億 320 万円
売 上 高：294 億円（2019 年度）
社 員 数：235 名　(2020 年４月１日現在)

URL：https://www.fujimori.co.jp/

特定分野でつなぐ価値を提供するコネクタの専業

本多通信工業株式会社

代表取締役社長
樫尾　欣司 氏

数年前、海外の大手通信会社からＰＣに用いるコネクタ開発の打診が舞い込んだ。年商１５０億円規模の本多通信工業株式会社にとっては、かつてない大型商談になる。しかし、同社はこのオファーをためらいもなく断った。ニッチ分野でナンバーワンを目指す同社の基本方針と乖離していたからだ。「われわれの競争軸は、低価格＆大量生産ではない」。長期信頼性と堅牢性をベースに、多様な産業分野で顧客を広げてきた同社ならではの結論が存在した。

◆複数のニッチ分野でナンバーワン目指す

本多通信工業は、１９４７（昭和22）年に設立されたコネクタ専業メーカー。コネクタはさまざまな機器や部品を電気や信号で結ぶ電子部品で、テレビ、ＤＶＤやＰＣ・周辺機器など身近なところからＦＡ機器、医療や

社是・理念

“Value by Connecting”
—つなぐ喜び、創る感動—
「私たちは豊かな未来のために、人とものと情報をつなぎ、価値を創造し続けます」

自動車など幅広い分野で使用される。創業88年を数える同社は、家庭用のネット環境でおなじみの光コネクタや、OA機器やカメラなどの身近な製品のコネクタのほか、工作機械やセキュリティ製品でも活躍。最近ではナースコールなどの医療分野にも進出し、多種多様なコネクタを開発、供給している。

なかでも一眼レフカメラやパソコン等で使用するUHS−Ⅱ対応SDカードソケットやプロジェクタ用の高耐圧電源用コネクタなど、複数のニッチ分野でナンバーワンシェアを持つ。水野修取締役は、「長年蓄積されたノウハウに基づく幅広い設計対応力、短期間で開発納品できる機動力、それに通信分野で鍛えられた長期信頼性・堅牢性が当社の強み」と説明する。

◆急成長する車載カメラ用コネクタ

本多通信工業の前身で精密ねじ加工工業だった「本多螺子製作所」。逓信院（現NTT）から1945年に交換機部品製造指定工場に認定され、71年にはクリップ端子式ボタン用コ

FA機器に使用、当社主力製品の一つ「HDRシリーズ」

グローバルシェア約２割　車載カメラ用コネクタ

ネクタを電電公社（同）に納入して以来、24時間365日つながる日本の高品質な通信インフラを支えてきた。情報通信だけでなく、製造現場や医療現場、公共・セキュリティなど、通信が途絶えてはいけない産業社会の重要な結節点に、同社のコネクタが多用されてきた所以だ。

こうした高い信頼性と設計力を背景に、急成長させているのがグローバルシェア約2割の車載カメラ用コネクタ。2010年頃の車載分野の売上比率は1％に過ぎなかったが、運転支援用カメラの拡大で2019年には35％に急伸、車載用で数年後に100億円ビジネスに引き上げる。さらに自動運転社会では、クルマ1台にカメラ10台以上になるとみられ、車載用事業が同社の中核事業になる見通しだ。今後は、人工知能（AI）やIoTを用いたスマート社会の到来をにらみ、多品種少量ノウハウに磨きを掛けて、有望視されるロングテール市場を深耕していく方針だ。

●長寿の秘訣

自社の強みと弱みを見極めた明確なベクトルが際立つ。特に電電公社由来の圧倒的な長期信頼性を見事に横展開し、少量多品種の特定分野を数多く開拓してきたことが大きい。時代はコネクティブ。すべてのものがつながるスマート社会を目前に控え、同社の活躍の場がますます広がるのは確実だ。車載カメラ用コネクタがその中心となるが、低価格、大量供給の自動車分野とどう向き合うのか。創業100年を迎えたときの本多通信の姿が楽しみでもある。

国内主要生産拠点　安曇野工場

●会社概要

設　　立：1947（昭和22）年6月14日
所 在 地：東京都品川区北品川5-9-11 大崎MTビル
事業内容：コネクタの製造販売
売 上 高：149億円（2019年3月期）
資 本 金：15億175万円（東証1部上場）
社 員 数：連結1,011名

URL：https://www.htk-jp.com/

地域密着型で道路舗装を進める社会インフラ企業

前田道路株式会社

全国の至る所に前田道路株式会社の施工の跡がある。住宅や工場に始まり、商店街や公園広場に運動場。道路だけでなく、そんな身近な施設や建物周りの舗装や外構工事を数多く手掛けるのが前田道路だ。例えば、全国のコンビエンスストアの駐車場。その大半は、同社によって施工されている。前田道路は、舗装を通じて身近な生活を支える地域密着型の社会インフラ企業である。

1930（昭和5）年、株式会社高野組（のち高野建設）がアスファルト舗装の草分けとして創立されたのが始まり。戦後は経営不振に陥り、1962年に会社更生法の手続きを開始、前田建設工業の支援を受けて、1968年に現在の前

代表取締役社長
今泉　保彦 氏

経営の理念

われわれは、ひろく社会資本の整備に貢献し、地域社会の豊かな生活の向上に寄与することを企業活動の使命と自覚する。

信義・誠実の原則のもと誇りと責任をもって人と環境を大切にした事業活動を推進し安全を第一としてより優れた技術と品質の提供により快適で、潤いのある生活空間の創造を目指し、もって豊かな地域社会の発展に貢献する。

田道路に社名変更した。

◆地元民間工事にきめ細かく迅速対応

官公庁の入札参加資格を失った当時から民間需要の掘り起こしを積極化し、全国約120カ所の営業所と約100カ所のアスファルト合材工場をバックに、地域に密着した大小さまざまな舗装工事を軸に事業を展開してきた。現在も、建設事業のうち民間工事が75%を占めており、全国を地域ブロックに分けた独立採算的な営業組織とともに、各営業所には協力会社の作業員が常駐できる宿泊施設を完備し、多様な地元工事に迅速に対応できる機動性を備えている。

もう一つの同社の特徴が、全国トップクラスにあるアスファルト合材の製造販売。自社工事用途以外の外販も積極化、なかでも水をかけるだけで固まる袋詰め常温アスファルト混合物「マイルドパッチ」は、一般家庭などの国内向けだけでなく、海外からも根強いニーズがある自社開発のヒット商品だ。これら合材の多くが、建設廃材のリイクルによって賄われていることも特筆される点。同社は建設工事現場から排出されるアスファルト塊やコンクリート塊を年間800万t受け入れ、100%再利用している。この受入量は全建設廃

平成30年度有明ふ頭連絡線道路改良工事（D1工区）

富士合材工場（静岡県富士市）

棄物の10％程度を占めるというから驚きだ。合材工場に併設した全国87の破砕工場のうち、4拠点が3R（リデュース・リユース・リサイクル）推進功労者等表彰を受賞している。

◆前田建設工業の傘下入りで新事業領域を開拓

圧倒的な財務基盤も見逃せない。1972年の再上場以来、赤字決算も減配もなく、ここ数年は自己資本比率70％台を維持してきた。奨学金を借りている新卒採用者に対し10年間で最大120万円を支給する制度の新設や、第3子以降月額25000円の手当を支給する多子扶助手当の改正など、大胆な福利厚生制度の充実も、盤石な経営基盤によるところが大きい。最近は、1年間にわたって新入社員を研修する長期研修の実施や海外奨学金制度の導入など人材育成にも力を入れている。

2020年3月、前田建設工業の連結子会社となったことに伴い、今後は地域密着型の事業をベースに、「グループとして新たな事業領域の開拓に挑戦していく」（大西國雄取締役執行役員製品事業本部長）方針で、道路舗装というビジネスに留まらず、コンセッション（公共施設等運営権）事業など道路にまつわる全体ビジネスを志向していくことになりそうだ。

●長寿の秘訣

前田道路はスゴイ会社だ。道路建設で国内ナンバー２の位置にありながら、高速道路など主要幹線道路の舗装工事は多くなく、華々しい施工実績に彩られているわけでもない。主たる舞台は身近な場所の舗装外構工事。全国に人を配置し、しっかり地元に根付き、数知れない確かな工事を一つひとつ積み上げてきた。これほど人々の生活に貢献している土木建築会社はない。前田道路はもっと威張っていい、誇らしい会社だ。

本社ビル

●会社概要

創　立：1930（昭和５）年７月19日
所在地：東京都品川区大崎 1-11-3
事業内容：土木建築工事の請負、設計ならびに監督、土木建築工事の諸材料の製造販売等前項に付帯関連する一切の事業
資本金：193億5,000万円（東証１部上場）
社員数：2,480名（2020年３月31日現在）

URL：https://ssl.maedaroad.co.jp/

飲食店の容器・包材、介護用品などを開発、効率物流でお届け

水野産業株式会社

代表取締役社長
水野　潤 氏

外食産業で使われる紙製の袋・箱・器・ナプキン、化成品のテイクアウト用容器、木製や竹製の割り箸などを開発・販売している大手企業が水野産業だ。「お客様とのコミュニケーションからイノベーション（革新）を起こす」を合言葉として「毎年、数万アイテム増える」（水野潤社長）商品を開発、自前の物流センターから効率よく配送している。その事業領域は衛生用品・紙おむつなどの介護分野や、手指消毒剤・うがい薬など

社是／企業理念

〈社是〉

「全てはお客様の為に」

〈企業理念〉

地球資源、環境を考慮し、常に新しい可能性を求めて、得意先、消費者、協力会社より、信頼と支持を頂き、社会に貢献する企業を目指します。

（社員）会社の永続的発展、及び活力、強さの源は社員にある。

（得意先と消費者）我が社の製品、取扱商品、及びサービスについて、得意先や消費者から永続的支持、及び信頼を得る。

（協力会社）得意先ニーズを見極め、商品の共同開発により共存共栄を計る。

（社会）全ての活動を通じ、法令を遵守し国や地域社会の公益に寄与する。

（国際社会）世界各国との相互理解を深め、幅広い商品を調達拡大する。

の医薬品販売へ拡大している。

◆フード、介護、医薬品が三本柱、2023年に創業75周年迎える

1948(昭和23)年に、紙・印刷物を取り扱う水野紙業として創業。「紙製のクリーンキャップが外食産業に入るきっかけとなり、ハンバーガーチェーンからポテトとハンバーガーの袋を受注した」(同)。70年代にファストフード店が爆発的に増え、得意先が増加。87年には文京区湯島に地上9階建ての新本社ビルが完成した。

2代目社長の水野啓次郎氏(現会長)は、2017年に「第34回優秀経営者表彰」(日刊工業新聞社主催)を受賞した同社成長の立役者。99年に関東物流センター(埼玉県加須市)竣工、2007年に中国上海事務所(現在は現地法人)開設、08年に医薬品販売の免許取得と経営体制を整え、10年には関東物流センターで表示器を利用して作業を支援するデジタルピッキングを開始し「引き合いが増えた」(同)。

強みは、時代や顧客ニーズを踏まえた柔軟な対応と商品開発力だ。ファストフード店の大量出店を生かして飲食店の容器・包材ビジネスを構築した。高齢社会で介護市場が拡大すると、その技術を衛生用品、紙おむつなどに生かした。フード、介護の両ビジネスを支えてサービスを拡充するために、薬剤師と医薬品の登録販売者を関東物流センターに配置した。売上高402億円(20年6月期)の

99年埼玉県加須市に竣工した関東物流センター

うちフードが約90％を占めるものの、水野社長は「コロナの感染対策を含め介護が伸びている」と、介護の一層の伸びを見込んでいる。

外食産業向けに多種多様な容器包材を販売する

◆食に関する〝みずのe-ショップ〟「カイコム」が好調 売上高500億円へ

水野産業は食に関する〝みずのe-ショップ〟「カイコム」（https://www.mizunoes.com/）を運営している。業務用食材1500種類以上、容器・包材・調理器具・洗剤6000種類以上を取り揃え、1万円以上なら送料無料（沖縄を除く）でお届けする。掛け売り・請求書払いの後払い決済サービスも利用可能。この「カイコム」の売上高が「20年は前年比で倍近く増えた」（同）と絶好調だ。

ターゲットは個人飲食店。新型コロナの感染拡大でテイクアウトやデリバリーを強化しており、「容器と持ち帰り袋のセット販売で、お求めやすくした」（同）。店舗向けでは、パーティションやマスクなどの感染対策用品が数多く売れた。今後は「かっぱ橋道具街に行かなくても済むように、プロスペックのものを拡充していく」（同）方針で、今後さらに力を注ぐ。

コロナ禍では「デリバリー、テイクアウトの容器・包材は増えたものの、店舗向けは減り、若干のマイナス」（同）という。売上高は「今後5〜10年で500億円超えを目指す」（同）考えで、介護ビジネスとともに「カイコム」が大きな位置づけを占めそうだ。

●長寿の秘訣

3代目の水野潤社長は2016年に就任した。「当社はこれまで、大きな変化が生じたときに成長してきた。それは、常にお客様に向き合い、変化に対して柔軟に対応してきたからだ。その対応力と柔軟性が長寿の秘訣なのだろう」と分析する。

水野産業は、さまざまな研修やメーカーと一緒の勉強会などで人材を育成し、営業社員には担当を持たせ、仕入れの権限まで任せている。「責任は伴うが、結果はガラス張りで、自由に仕事ができる」社風を構築している。「容器がなければテイクアウトもデリバリーもできない。アルコールがなければお店が開けない。我々は世の中の土台をつくっている」と話す水野社長は、とくに若い人たちへ大きな期待を寄せている。

メーカーの講師を招いた新製品の勉強会

●会社概要

創　業：1948（昭和23）年8月
設　立：1951（昭和26）年7月
所在地：東京都文京区湯島3-1-3　MSビル
事業内容：外食産業の容器包材の商品開発・副資材の企画販売、介護用品と在庫管理・配送手配請負、医薬品販売
資本金：8,450万円
社員数：365名（2020年6月30日現在）

URL：http://www.mizunosangyo.co.jp/

創業115年、5つの事業が織りなす信頼の商社ブランド

株式会社ムラキ

代表取締役社長
木内　義裕 氏

2006年6月、創業100周年を迎えた株式会社ムラキ。同年9月には創業家に属さない木内義裕氏が社長に就任し、創業から4代100年続いた同族経営にピリオドが打たれた。「これからは、やりやすくなるよ」。4代目の村木慶裕氏（現名誉会長）が掛けてくれた言葉を、木内社長はいまも思い出す。同族の系譜をみずから断ち切り、老舗企業に新しい息吹を呼び込もうとした慶裕氏。ここから木内社長率いる同社のポスト100年経営が始まった。

◆好奇心旺盛なDNA

時計店に奉公していた初代村木正蔵氏が1906年に独立し、時計の販売修理業を立ち上げた。戦後2代目の時代になると、時計の修理から機械工具を手広く扱う商社へと発展。さらに高度経済成長期には加工業者の紹

経営理念

我々は健全な事業活動を通じ、国内外の全てのお取引先の立場に立ち、共に成長し、永続的に発展し、信頼される企業、社会に貢献できる企業を目指します。

介依頼が押し寄せたことから、これを精密機工部として事業化するとともに、プリント基板用のX線基準穴あけ加工機を軸にした電子機器部門を新設した。「とにかく好奇心旺盛なところが当社のDNA。海外へ行って新しいモノを見つけては、自社で扱おうという姿勢が顕著」（木内社長）と説明する。それでも「決して無理な売上拡大を求めない。身の丈に合わせてやってきたことが、100年続いた要因の一つだ」（同）。現在は、機械工具、精密機工、電子機器の3部門に、創業から時計部門と高級ダイヤモンド製品を扱う宝飾部門の合計5部門と、2000年以降設立したフィリピン、香港、中国（深圳、昆山）、マレーシアの海外現法を有する。そして、これまで部門間の収益格差があっても、賃金・賞与は一律で、社内の一部に不満があったことから、5年前に各部門を独立採算に近い形にする改革を実施、「社員のモチベーションが格段に上がった」（木内社長）という。例えば、収益の柱を担う「機械工具部」では、ドイツ・ボーテック社製のガンドリルや先端工具のロータリーバーなどを主力にするが、新たに国内外メーカーのOEM供給による自社ブランド「MRA」を立ち上げて、先端工具類の競争力強化に乗り出しているほか、「精密機工部」は〝加工の便利屋さん〟として小回りを生かし半導体関係で受注を増やし、「電子機

創業 100 周年記念祝賀会の様子（2006 年 6 月）

器部」は基準穴パンチングプレスといった新製品投入で堅調を維持している。いずれもニッチな市場だが、大手の参入はほとんどなく一定の需要が見込める領域だ。さらに創業来の「時計部」は、メインの海外高級クロックを前面にした特定のブランド戦略を強化し、「宝飾部」は英国のダイヤモンドカッターズブランド「モニッケンダム」に、イタリアのブランド「ロベルトコイン」を加え、根強いリピーター層の支持を集めている。

この様に、各部門とも積極姿勢がますます増幅されている。

昭和２年頃の本社店頭

◆女性だけのニュービジネス開発室

今後も、無理な拡大路線を目指さずに、利益重視の姿勢を貫いていく方針だが、現在の事業ベースだけでは持続成長はおぼつかない。新事業の必要性を説く木内社長は、「新しいビジネスを開拓しようにも、既存組織では本業優先になりがち。だから思い切って専任組織が必要である」と語り、このほど開設したのが「ニュービジネス開発室」。昨年７月の社内公募で、30代の女性課長を室長に登用。さらに今春入社予定の女性社員２名を配属し、女性３名の感性を生かした組織態勢で、「３年は自由にやってもらう」というチャレンジングな取り組みだ。組織改革、新事業開発に加え、福利厚生の充実や社内環境整備など、矢継ぎ早に改革を打ち出しているムラキ。創業１００年を超えた長寿企業ゆえの変革に満ちている。

●長寿の秘訣

「企業経営は人脈や情報がモノを言う」と強調する木内社長。新型コロナで対面営業ができないもどかしさを浮かべながら、特に欧米では創業 100 年というブランドがさまざまな場面で生きてきたという。歴史を刻んできたのは理由がある。それが長寿企業の信頼と信用を醸し出す。けれども過去の歴史に安住することはできない。信頼を引き継ぎ、ブランドを守るためにも、絶え間ない革新が必要だ。ポスト 100 年を走り始めたムラキは、その当たり前だが、容易ではない経営の現実を示している。

東京本社

大阪支店

●会社概要

創　業：1906（明治 39）年 6 月 11 日
設　立：1952（昭和 27）年 3 月 24 日
所在地：東京都中央区日本橋 3-9-10
事業内容：時計及び部分品、附属品の製造販売及び輸出入業。工作機械、工具類の製造販売及び輸出入業。精密機械、計測機器、工具類の販売及び輸出入業。電子工業用機械、部品、工具類の販売及び輸出入業。貴石、貴金属の販売及び輸出入業。
資本金：3 億 1,000 万円
社員数：125 名（令和 3 年 1 月末現在）

URL：https://www.muraki-ltd.co.jp/

命と財産を守る消防設備のリーディングカンパニー

ヤマトプロテック株式会社

火の用心——。恐ろしい火災に備えて、建物の多くに設置が義務づけられている消防設備。私たちの命と財産を守ってくれる心強い味方だ。創業100周年を超えるヤマトプロテックは、消防設備のリーディングカンパニーだ。世界初となるABC粉末消火器の発明など、業界を牽引し、火災から建物や命を守り続けている。

◆あらゆる災に効く世界初の消火器を開発

1918年に日本で初めて化学泡消火剤を発明し、創業に至った同社。1963年には、世界で初めて、すべての火災に効力を発揮するABC粉末消火器を開発し、社会に安心と安全を提供してきた。同社が「新たな消火方法を模索し続けるのは、社会の変化に対応するため」と乾有里紗常務取締役は語る。ABC粉末消火器は、消火器の革命と言わ

代表取締役社長
乾　雅俊 氏

企業メッセージ／コーポレートスローガン

〈企業メッセージ〉
総合防災カンパニーとして、かけがえのない命と財産を守りたい。
〈コーポレートスローガン〉
火の安心を、つくろう。

れ、A（普通）、B（油）、C（電気）など、すべての火災に対して強力な消火効果を発揮する。木造の建物はもちろん、複雑な電気配線からの出火に対しても漏電を起こさず、プラスチックや油性の発火物に対しても有効だ。「創業当時からの『かけがえのない命と財産を守りたい』という理念を継承し、より確実な安全を全社で追求することで、高度な社会生活をおくる現代の人々の快適な暮らしを守りたい」と乾常務は言う。

◆4つの力を結集して現代の火災に挑戦

だが、同社が優れているのは消火器だけでない。消防設備全般で国内トップシェアを持ち、他にも様々な優れた消防設備を豊富に開発している。開発からメンテナンスまですべてワンストップで実現する同社。①新製品を生み出す研究開発力、②品質や安全を保つ生産力、③施工や予防安全を請負うエンジニア力、④顧客のニーズを探る営業力、「これら4つの技術力を結集して、火にまつわる安心を生み出している」（乾常務）。

例えば、『CXシステム』は、駐車場用の次世代型泡消火設備だ。「従来の駐車場泡消火設備では、イタズラなどによる誤放射によって駐車場全体に消火薬剤の泡が撒かれてしまう場合があった。しかし、このCXシステムでは速動型の高感度ヘッドを採用し、完全自動消火を実現。駐車場火災を素早くピンポイントで消火できるため、火災に無関係な車両への被害を減らし、水源容量も少なくて済む」とマーケティング室の永

ABC粉末消火器
「YA-10NX」

峰昂太氏は説明する。「放水型スプリンクラー設備」はホールや地下街などの開放的なアトリウム空間を、高天井の側壁要所に設置した放水型ヘッドが、防護空間を広範囲にカバーし、火災感知器などと連動して火災から守る。

総合的な防災体制をつくるインテリジェント防火システムとして、注目されているスプリンクラー設備である。

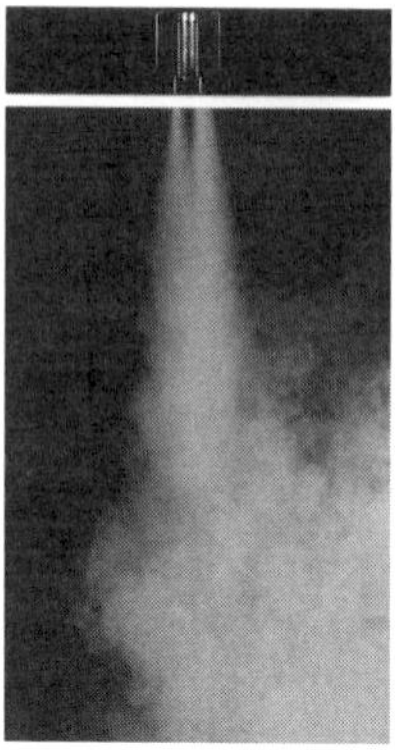

消火成分を煙で放出し、化学反応によって瞬時に燃焼を抑制する「エアロゾル消火装置」K/SMOKE

同社の放水型スプリンクラー設備は、業界№1のラインナップを用意しており、多彩な種類のメリットを活かして、適材適所で放水型ヘッドを選べるため、水源水量の削減など、効率のよい仕様が組める。

また、『K／SMOKE』は、初めて国産化に成功した、煙で瞬時に消火するエアロゾル消火装置だ。消火成分を含んだ煙を放出し、化学変化によって一瞬で炎を鎮火する。国内外ともに前例のない、体に無害な消火剤であることも特徴だ。「現代ではパソコンや家電などが室内に数多くある。消火剤による従来の方法では消火に伴う残留物が電化製品にも被害を与えてしまう。だが、煙で消火する方法ならば電気や油の火災に強く、電化製品への影響も極めて少ない」（永峰氏）。火にまつわる安心を届けるため、火災に挑戦し続ける同社の取り組みによって、今も私たちの命や財産は守られている。

●長寿の秘訣

ヤマトプロテックは、化学泡消火剤やABC粉末消火器など、火災から私たちの暮らしを守る数々の発明を世に送り出してきた。だが、火災という危険な存在に正面から向き合い、既存の消火方法にとらわれることなく社会の変化に対応して、消火の方法を新たなステージへと引き上げている。研究開発・生産・エンジニア・営業という同社の4つの部門の力を結集して、炎への挑戦を続け、時代に合った画期的な消火を模索し続ける同社。かけがえのない命と財産を守る、という使命感が同社を消防設備のリーディングカンパニーたらしめている。

東京本社ビル

●会社概要

創　　業：1918（大正7）年1月
設　　立：1923（大正12）年1月
所 在 地：東京都港区白金台5-17-2
事業内容：消火装置・火災警報装置・避難誘導装置・公害防災関係・管工事・電気工事等の設計、施工監理及び維持管理・建築設計、施工及び監理・消火器具機械・消火剤の製造及び販売・防犯設備・その他関連ある付帯事業一切。
資 本 金：9,900万円
社 員 数：367名

URL：https://www.yamatoprotec.co.jp/

続・東京の長寿企業50社

NDC335

2021年3月31日　初版1刷発行

（定価はカバーに表示されております。）

©編　者　日刊工業新聞社
発行者　井水治博
発行所　日刊工業新聞社
協　力　日刊工業コミュニケーションズ

〒103-8548　東京都中央区日本橋小網町14-1
電　話　書籍編集部　03-5644-7490
販売・管理部　03-5644-7410
FAX　03-5644-7400
振替口座　00190-2-186076
URL　https://pub.nikkan.co.jp/
e-mail　info@media.nikkan.co.jp

カバーデザイン／日刊工業コミュニケーションズ
印刷／製本　新日本印刷(株)

落丁・乱丁本はお取り替えいたします。　2021 Printed in Japan

ISBN 978-4-526-08131-6　C3034